改變世界

科技先驅篇

25個影響歷史文明的名人大事

作者・**胡川安**

插畫・張容容

時報出版

作者序

004　25 個發現世界定理與改變社會的關鍵人物

發現世界新定理與發明家們

010　現代觀測天文學之父：**伽利略**

016　世界物理和天文學的奠基者：**牛頓**

022　電磁學及電化學之父：**法拉第**

028　微生物與公共衛生的領航者：**巴斯德**

034　長距離無線電通訊的發明者：**馬可尼**

040　發現抗生素並拯救無數性命的科學家：**佛萊明**

046　首位獲得諾貝爾獎的女科學家：**瑪麗亞・居禮**

052　潛意識觀念的發現者：**佛洛伊德**

058　20 世紀最重要的物理學大師：**愛因斯坦**

064　瞭解人類行為動機的心理學家：**阿德勒**

070　第一個榮獲諾貝爾化學獎的台灣人：**李遠哲**

076　夢想上火星的男人：**馬斯克**

推動新思潮改變社會發展

084　自由經濟學思想的鼻祖：**亞當・斯密**

090　無產階級和勞動人民的革命導師：**馬克思**

096　現代演化生物學之父：**達爾文**

102　天花終結者與疫苗之父：**詹納**

110　追求和平的偉大發明家：**諾貝爾**

118　宏觀經濟學之父：**凱因斯**

124　台灣醫學之父：**崛內次雄**

130　關懷與改變非洲大陸的醫師：**李文斯頓**

136　懷抱大家都能平等的夢想：**金恩博士**

144　台灣社會福利的先驅：**施乾**

150　史上首位獨自飛越大西洋的女飛行員：**艾爾哈特**

156　當代最知名的管理學大師：**彼得・杜拉克**

162　消除貧窮的經濟學家：**尤努斯**

25 個發現世界定理與改變社會的關鍵人物

你 喜歡聽故事嗎？或許，有些人覺得歷史太遙遠，這些故事雖然發生在過去，但其實跟現代息息相關，我們可以透過瞭解關鍵人物與世界發展，看到在不同的時間、地點和文化中，關鍵人物對整個歷史長流產生的重大影響。這些人不但發揮自己的能力，感動當時的人們，也轉動了歷史巨輪，讓現代變得不一樣。

你知道以前的人們相信地球是宇宙的中心，太陽繞著地球轉嗎？你知道在疫苗還沒發明前，一點小小的疾病就會造成人類的大量死亡嗎？台灣第一位諾貝爾獎得主，是透過什麼樣的精神才讓世界注意台灣呢？你知道哪些思想家的著作可以改變世界？又有哪些人犧

牲了自己的生命，只為了讓人類可以弭平差別待遇嗎？

　　過去，多數給讀者的世界史作品，偏重從年代、事件和空間看待歷史，著重各年代的地理和空間的差別，卻很少著墨人物的影響力。然而，歷史是由人所組成，世界文明正是透過人們的種種決定，才會有所演進，並且產生影響力。

　　有些科學家因為好奇心而改變了人類的通訊科技；有些醫師透過對專業的熱情，讓成千上萬的人們獲得拯救；有些思想家，透過著作改變了人類社會。今天我們的便利生活，或是能免於疾病之苦，幾乎都來自於發現這些定理的科學家，他們用敏銳的觀察力，堅持的精神，

讓原本不可能的事情變得可能。

　　「改變世界：25 個影響歷史文明的名人大事」系列的《科技先驅篇》中，你可以看到 25 個影響世界的關鍵人物，透過他們從小到大的生活環境，不但可以窺見這些人的人格特質養成，文中穿插的趣味故事與歷史知識點，更能完整瞭解他們的人生。例如：最有影響力的科學家牛頓，同時也是造幣局的局長；郵輪鐵達尼號撞上冰山後，是靠著馬可尼的裝置才能避免更多人罹難；詹納發明的疫苗，卻用自己的兒子做人體實驗；台灣的醫學之父居然是日本人；當代的管理學大師彼得‧杜拉克也是個著作等身的大作家。

我衷心希望這 25 位影響世界的關鍵人物，能讓大家從他們創新的思維、執著的態度，還有偉大的心靈，豐富大家對世界歷史的認識。希望他們的生命故事，可以激發人們的人生志向和擴大未來職涯的選擇。

國立中央大學中文系
助理教授　　胡川安

CHAPTER 1
發現世界新定理與發明家們

Galileo Galil

伽利略

伽利略・伽利萊

現代觀測天文學之父

profile

國籍➔佛羅倫斯公國
身分➔科學家、數學家、
　　哲學家
生日➔西元1564年2月15日
卒年➔西元1642年1月8日

我們現在都相信太陽是太陽系的中心，地球繞著太陽轉，而這已經是大家知道的常識。但過去的人們則深信地球是宇宙的中心，而且反對這樣看法的人還會受到生命的威脅，直到一些偉大且相信真理的學者開始提出不同的看法。

伽利略出生於西元 1564 年現今義大利比薩附近的沒落貴族家庭，他的父親是音樂家，家裡有六個兄弟姊妹。伽利略從小在修道院中學習，當時的修道院除了教授神學以外，也教導數學、拉丁文和天文科學。

伽利略本來想當修士，但他的父親要他學醫。然而，有次無意間在學校聽了幾何學的課之後，他對於數學和自然科學產生了興趣。伽利略對於素描也很感興趣，後來還在佛羅倫斯教授美術，當時文藝復興時期自由談論學問和批判權威的風氣，讓他眼界大開。

西元 1589 年，伽利略到了比薩大學擔任數學系主任，以往相信如果一個物體的下墜速度會和重量成正比，

> 追求科學，需要有特殊的勇敢，
> 思考是人類最大的快樂。

伽利略向威尼斯總督展示如何使用望遠鏡。

重的會比輕的東西墜落的速度快。但傳聞中，伽利略有一次在比薩斜塔做了一個實驗，他在比薩斜塔將兩個不同重量的東西往下丟，卻發現它們同時落地，證實了自己的理論。

有一次伽利略到威尼斯旅行時，遇到了瑪麗娜，兩人陷入愛河。然而，由於伽利略貴族的背景，他的媽媽認為瑪麗娜配不上伽利略，兩人便開始私自同居，後來還生下了兩女一男。

因為伽利略經常和大學的教授辯論，導致校方不想續聘他，後來他到了帕度亞大學任教，在這個時期，他開始展現出對於天文學的興趣。哥白尼在伽利略之前提出了地球繞著太陽轉的想法，對於之前認為地球不動，所有的行星、月球和太陽繞著地球轉的觀念有所質疑。

然而，哥白尼的理論並不完全，因為沒有其他的證據支持，伽利略認為每隔 24 小時一次的潮汐是因為地球繞著軌道運作。除此之外，在西元 1609 年伽利略還自己

做了一台天文望遠鏡，觀察天體運行，他發現了木星的衛星體系、金星的滿盈現象，一步一步讓太陽為中心的理論完整，後來的人們才逐漸相信地球不是宇宙的中心。

文藝復興時代熱愛新的理論和想法，很多有錢人支持科學家研究。伽利略在西元 1611 年訪問羅馬，受到當時梅迪奇家族的支持，提供他研究經費。伽利略繼續觀察天體，計算了木星衛星的運行週期，為了感謝梅迪奇家族，還將衛星以梅迪奇家族的成員命名。

然而，梅迪奇家族的沒落與羅馬教會的勢力強大，當時開始打壓自由的科學研究，並且對於支持「日心」說的人加以迫害，伽利略的立場也很危險。伽利略晚年回到佛羅倫斯家中，仍然繼續研究和寫書，在西元 1642 年過世的時候享壽 77 歲。21 世紀的已故知名科學家史蒂芬・霍金曾說：「自然科學的研究始於伽利略。」

比薩斜塔

義大利的比薩斜塔（Torre pendente di Pisa）興建於西元1173 年，剛開始的設計是一般垂直建造的獨立式鐘樓，位於當地比薩市，是奇蹟廣場三大建築之一。但工程開始後不久就因為地基不勻和土質鬆軟，整棟建築開始傾斜。到了西元 1372 年完工時，塔身已經呈現向東南傾斜的狀態。斜塔共有八層，當年建到第三層就可以明顯看出建築物傾斜，曾一度停工，過了100多年後，經過工程師喬凡尼・皮薩諾精心測量和計算，確認不會倒塌，才讓工程繼續按原設計繼續施工，直到完工。

牛頓
艾薩克・牛頓爵士

世界物理和天文學的奠基者

profile

國籍➔大英帝國
身分➔科學家
生日➔西元1643年1月4日
卒年➔西元1727年3月31日

英國皇家學院曾經在西元 2005 年透過院士和一般民眾票選：「誰是科學界最有影響力的人？」牛頓高票獲選。我們現在大家都知道牛頓發現了地心引力是因為有一次在蘋果樹下睡覺，被掉下來的蘋果砸到而頓悟，但牛頓在科學上的影響力不只如此。

生於西元 1643 年的牛頓，從小生活在英國東部。才出生 3 個月，父親就過世了，而且牛頓小時候是個早產兒，十分瘦弱。3 歲時，牛頓的母親改嫁給牧師，然而，牛頓並不喜歡這個繼父。後來開始在鄉村的小學念書，因為成績優異，被送到國王學校讀中學。

牛頓的繼父後來也過世，母親本來想讓牛頓當農夫，但回鄉種田的牛頓十分不開心，幸好國王中學的校長說服了牛頓的母親，讓他順利完成學業，後來更考取英國一流的名校——劍橋大學。

在前往劍橋大學之前，牛頓住在當地藥劑師克拉克的家中，跟藥劑師的女兒斯托勒訂婚。牛頓由於專注於

研究而忽略他的未婚妻，也讓斯托勒找了其他對象。

西元 1661 年牛頓進入了劍橋大學三一學院，當時流行的古典理論主要還是亞里斯多德的學說。但牛頓對於伽利略、哥白尼和克卜勒等先進科學家所提的理論更有興趣。牛頓在西元 1665 年開始發展一種新的數學理論，就是後來世人所熟知的「微積分」。

本來在那個時代要成為三一學院的研究生，必須要具備牧師資格，然而，牛頓不願成為牧師，但由於他的學術成就，便破格錄取他。牛頓在數學廣義二項式定理的發展有巨大貢獻，在西元 1669 年被授予劍橋大學教授的席位。

> 如果說我看得比別人遠，那是因為我站在巨人的肩膀上。

牛頓研究晶體折射光。

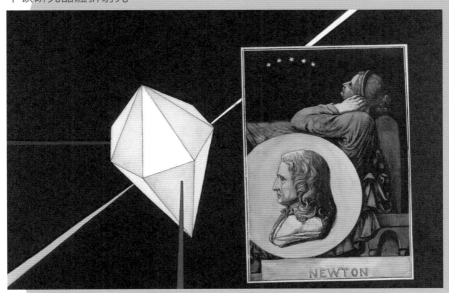

　　除了在數學上的成就，牛頓對於光學也十分感興趣，研究光如何折射。透過自製望遠鏡來研究光學，他認為一般物質是由較粗的粒子所組成，而光是由粒子或是微粒所組成，具體說明光的物理性質。

　　在力學方面牛頓有重大的成就，他著有《物體在軌道中的運動》，其中說明了後來影響物理學界最重要的三大運動定理，並定義了萬有引力。由於在那個時代，

科學和宗教間的關係十分濃厚，牛頓發現了如此多定理，也開始對於當時流行的宗教理論有所質疑，對一些正統教會的想法提出意見。

不僅科學成就卓越，牛頓還曾經當過皇家鑄幣廠的監管，發現國幣有 20％是偽造的，於是透過堅實且科學的方法，牛頓蒐集了很多證據，成功告發偽造國幣的嫌犯。由於介入貨幣問題，他開始思考國家貨幣政策，並且成功將英鎊從銀本位制改成金本位制，並且受到大英帝國的安妮女王贈勳。

牛頓的科學定裡不僅影響到後來數百年的科學界，還改變了國家政策，他在西元 1727 年以 84 歲的高齡在睡夢中安詳辭世，葬禮在西敏寺進行國葬，也是第一個獲此殊榮的自然科學家。

牛頓的發現

牛頓最重要的三大發現分別是：萬有引力、光學及微積分。著作《自然哲學的數學原理》，簡稱為《數學原理》，他提出奠定力學基礎的基本概念，包括質量、慣性、力與向心力、絕對時間、絕對空間等，還提到天體力學的理論，研究行星的運動、月球的運動、潮汐、歲差和彗星的運動。此外，還有物理界著名的運動三大定律，或我們現在稱為「牛頓三大定律」：

第一定律

除非有外在的力量加進去，否則保持靜止的物體，會永遠保持靜止；沿一直線做相同速度運動的物體，也會一直持續不跑下去，也就是「慣性定律」。

第二定律

當物體受到外來的力量時，它會沿著這個力量的方向，加快速度運動，力量越大速度就越快。

第三定律

每一個施加於物體的力量，都會同時產生一個大小相等而且方向相反的反作用力。也叫作「作用與反作用定律」。

Michael Fara

法拉第 麥克·法拉第

電磁學及電化學之父

profile

國籍➡大英帝國
身分➡物理學家
生日➡西元1791年9月22日
卒年➡西元1867年8月25日

我們現在生活當中需要用到的馬達、發電機、天線和電磁爐，這些有線或無線設備，都牽涉到的一個關鍵原理就是「電磁學」。在這個領域有很大貢獻的就是英國科學家麥克‧法拉第。

　　法拉第小時候的生活狀況並不好，父親是個鐵匠。由於沒有太多資源給法拉第讀書，他都靠著自學獲得知識。讓法拉第人生產生改變的事情是 14 歲時，到書本裝訂商家裡工作，這使得他有機會接觸到書籍。求知若渴的法拉第在以撒‧華茲（Isaac Watts，西元 1674-1748 年） 所著《悟性的提升》（The Improvement of the Mind）中瞭解讀書的方法，書中提到需要作筆記、學習，而且要有同伴，成立讀書會，並且要會觀察。

　　除了學到讀書的方法，法拉第從一些科學書籍中獲得靈感，他對悌爾的電學相當感興趣，在工作之餘會做實驗加以驗證。然而，只靠自學畢竟還是不夠。法拉第雖然沒有錢到大學註冊，但仍然到大學旁聽獲取知識。有一次法拉第將詳細的筆記拿給大學教授戴維過目，讓

法拉第的研究室。

戴維十分驚豔。由於有一次做實驗的時候戴維眼睛受到
傷害，需要徵聘助理幫忙，於是馬上邀請法拉第當自己
的助手。

　　法拉第後來有機會跟隨戴維到歐洲旅行，但由於沒
有正式大學學歷，所以戴維還是把他當僕人兼助理使用，
有時甚至讓法拉第感到不愉快。但法拉第堅持下去，才
有機會在歐洲旅行的時候認識很多科學界的專家，也讓
他開了眼界。

「 拚命去取得成功，
但不要期望一定會成功 」

在西元 1821 年的時候，法拉第設計了兩個裝置。先將導線接上電池，導電之後再將導線放入磁鐵的汞池中，後來導線繞著磁鐵旋轉。如此轉動的原理就是後來馬達轉動的方式。法拉第在西元 1824 年被選為皇家學會的院士，隔年成為實驗室主任。法拉第的職位不需要上課，只需要研究和做實驗，但薪水並不高。

倫敦大學的化學系曾經想要法拉第去授課，但他熱心做研究，想要在科學理論上有所突破。持續研究的法拉第在電磁學上有很大的成就，讓以往只存在抽象概念的電磁場具體化，他所構想的一些裝置影響了後來整個 19 世紀的工業發展。

研究工作之外的法拉第，是個信仰很虔誠的教徒，他相信神所創造的自然和世界，背後有一套共通原則。

不管是世界的運作或科學原理，還有自己所研究的電都在這樣的原則運作下。因為對神的信仰，讓法拉第在科學研究上堅持著信念，持續不懈。

晚年的法拉第受到失智症之苦，然而他的成就讓維多利亞女王的夫婿阿爾伯特親王相當讚賞，受賜住在漢普敦宮的恩典之屋，能夠安享晚年。只受過小學教育的

法拉第在英國皇家學會講授電學和磁學。

法拉第，透過自己好學的精神，還有努力做實驗，發現科學真相，獲得了整個科學家和英國人的肯定。

學習知識 PLUS

《悟性的提升》

《悟性的提升》（The Improvement of the Mind）所提到的讀書方法影響法拉第極為深遠，以下是書內重點：

❶ 勤做個人筆記：
收集內容並消化後，重新彙整出自己的思路。

❷ 持續不斷學習：
擁有一顆樂於受教的心，才能獲取讀書的最高效益。

❸ 擁有讀書同伴：
讀書不只是從書中獲取知識，也在於人與人之間的分享，透過互動討論，不但能提升知識深度，也能增加知識廣度。

❹ 要成立讀書會：
成立讀書會讓你有機會接受各方批評，透過這個過程，能穩定知識並且保持彈性與一顆能接受批判的心志。

❺ 學習仔細觀察：
只有專注細節的人，才能拉近真理與現實的距離。

Louis Pasteu

巴斯德 路易・巴斯德

微生物與公共衛生的領航者

profile

國籍➡法蘭西共和國
　　（法國）
身分➡微生物學家
生日➡西元1822年12月27日
卒年➡西元1895年9月28日

新冠病毒的疫苗仍然不斷在改良中，過去在未找出疫苗前，曾造成大量生命的損失。人類就是尋找到很多的疫苗，才讓我們免於疾病之苦，其中一位發明疫苗的偉大科學家就是路易‧巴斯德。

　　巴斯德出生於法國東部，從小就對於繪畫相當感興趣。小時候在學校相當認真，加上校長啟發巴斯德對於科學的興趣。巴斯德後來進入法國最優秀的學府之一：高等師範學校，學習物理及化學。巴斯德對於化學相當著迷，經常留在實驗室當中，在多年的苦讀下，獲得了博士學位。

　　巴斯德學業完成後到法國東部的史特拉斯堡大學任教，並且認識了校長的女兒，最後結為夫妻。婚後的他仍然繼續做研究，後來到了里耳大學擔任理學院院長。在里耳的時候，巴斯德對於發酵產生興趣，開始觀察酸奶發酵的過程。當時不知道發酵原理，透過巴斯德的研究，認為微生物的生長是發酵的關鍵，提出了乳酸菌的微生物論。

發現微生物不僅對學術來說很重要，對於食品工業也很重要。法國一向以釀酒業聞名，但啤酒有時會整桶變酸，當時的人們不知道為什麼會這樣？巴斯德知道酒變酸的原因是因為細菌，但問題在要如何殺死細菌呢？後來巴斯德利用加熱的方式，將酒加熱到 50-60℃間，細菌就無法存活，但酒的風味依然。由於發明了這項辦法，讓法國的釀酒業產量大增，幫助了整體產業發展。

　　由於在科學上不斷突破，巴斯德獲得了不少的獎項和歐洲各國的注意，後來到了巴黎大學的化學系擔任教授。當時的農村有不少動物的瘟疫，像是雞瘟和炭疽病，都讓農場主人蒙受大規模的損失。巴斯德透過研究微生物的經驗，發明了雞瘟和炭疽桿菌的疫苗。將疫苗接種在家禽和家畜身上，發現牠們不再感染瘟疫，證實了疫苗的有效性。

“ 不要在已成的事業中逗留著。 ”

巴斯德替羊隻施打炭疽疫苗。

　　從微生物發展到疫苗的發展，巴斯德得到法國學術界的最高榮譽：法蘭西學院的院士。然而，巴斯德仍然繼續做研究，除了幫助動物以外，他還想要幫助人類。他經歷過普法戰爭，親眼看到戰爭的殘酷。戰場上受傷的人們因為沒有得到妥善的治療就會死亡，巴斯德認為也是微生物的關係。

在 19 世紀末，還有一個很困擾當時人們的問題，就是狂犬病。為了解決狂犬病的問題，巴斯德透過顯微鏡，發現病犬身上的病原菌完全看不到，只能培養病菌再用動物做實驗。透過兔子和狗的動物實驗，終於發明了狂犬病疫苗。對於科學的發展來說，後續小兒麻痺和相關疾病疫苗的發展，也可以說是按照巴斯德的方法。

法國政府為了紀念巴斯德對於微生物學和公共衛生的偉大成就，建立了「巴斯德研究所」。巴斯德希望人類可以在人道精神的帶領下，繼續從事科學發展，他的研究不僅在學術上有所突破，而且實驗方法讓後續科學家可以利用相同的步驟加以發現新疫苗。因此，對於人類壽命整體的延長，巴斯德可以說厥功甚偉。

巴斯德滅菌法

巴斯德滅菌法又稱「巴氏滅菌法」，後來經過改良，成為一種用來徹底殺滅啤酒、酒、牛奶、等液體中細菌，卻又不改變風味的殺菌方式，也是現在全世界慣用的牛奶消毒法。我們常喝到的保久乳多半就是用這個方式才能長久保存。

巴氏滅菌法有兩種類型，一種是用 63℃加熱至少 30 分鐘的「低溫長時間殺菌」，優點是能保留較多的益菌；另一種則是常用的「高溫短時間殺菌」，加熱的溫度約為 70℃，時間至少 15 秒。好處是殺菌時間短，效率較高。

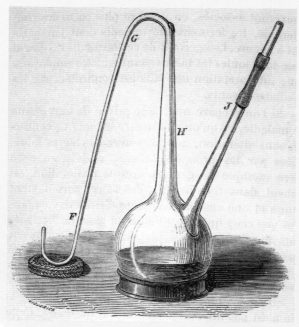

用來進行巴氏滅菌的鵝頸瓶（曲頸瓶），現稱「巴斯德燒瓶」。

馬可尼

古列爾莫・喬瓦尼・馬里亞・馬可尼

長距離無線電通訊的發明者

profile

國籍➡義大利王國（義大利）
身分➡物理學家
生日➡西元1874年4月25日
卒年➡西元1937年7月20日

我們現在可以使用手機的即時通訊相互聯繫，但這在人類的歷史上只占了短暫的時間。過去的人類只能透過海路或陸路的郵件聯絡彼此，直到馬可尼將電波實用化之後，才可以迅速聯繫。

西元 1874 年出生在義大利波隆那的馬可尼，家境相當富裕，父親是一位成功企業家，擁有自己的產業，母親則是愛爾蘭的貴族，擔任音樂教師。

由於家庭狀況不錯，加上父母的教育方式開明，即使馬可尼在學校的成績普通，但他大部分都是在家向專家學習。當時聘請的家教，對於馬可尼影響很多的是博洛尼亞大學的物理教授奧古斯托·里吉。

里吉不僅在家裡教馬可尼科學，還讓他可以自由使用學校的實驗室，並且能借閱學校的書籍。馬可尼喜歡探究事物背後的原因，透過閱讀和做實驗，讓他知道科學方法，這對於馬可尼未來的發明，埋下了很重要的種子。

馬可尼 20 歲的時候跟著家人去渡假，他在雜誌上讀到了科學家赫茲的論文，在當時首度證實了電磁波的存在，然而赫茲並不知道電磁波可以運用在哪裡。馬可尼讀到赫茲的論文後，立即聯想到應用在通訊上的可能性。

　　渡假回到家之後，馬上在家裡進行實驗，在三樓用簡單的裝置，讓一樓的電鈴響起。後來馬可尼對於無線電裝置進行設備改裝，裝上了電線，並且將實驗從室內轉移到室外，增加通訊距離。第一次在室外實驗的時候，成功的讓將近 3 公里外的電鈴響起。

　　將電磁波應用在實際通訊上的成果，讓馬可尼十分興奮，立即向義大利政府申請專利，而且希望政府給予研究經費。然而，義大利政府並沒有這樣的遠見，於是馬可尼前往英國，獲得英國政府的大力贊助。

　　到了英國後，馬可尼迅速將無線電應用在商務用途上，獲得極大的成功和財富。當時很多輪船或漁船，在外海遇到風浪翻覆的時候，由於沒有通訊設備，只能坐

做實驗中的馬可尼與他珍貴的通訊設備。

> 我願意告訴各位，倘若各位
> 能夠盡心盡力地做一件事，
> 一定可以成功的。

以待斃。馬可尼透過無線電的發明，讓受難者可以發出訊號，拯救了更多的生命。

除此之外，馬可尼改進了無線電設備，第一次從歐洲大陸發訊息到英國的時候，造成轟動。後來在西元 1901 年成功將電波從英國發到了加拿大，跨越大西洋，震驚了全世界。

馬可尼的發現讓遠距離的聯繫變成了可能，後來也促成了無線電報和廣播的出現。西元 1909 年馬可尼和德國的工程師卡爾·布勞恩共同獲得諾貝爾物理學獎，布勞恩改造了馬可尼的發報機，讓無線電的運用更迅速擴展。

西元 1912 年當時世界最龐大的輪船鐵達尼號撞到了冰山沉沒，因為馬可尼的裝置即時發出訊號，拯救了更多人的性命。馬可尼所發明的裝置後來運用在軍事、生活、通訊上，他一輩子不斷改進通訊設備，將人類從各方面聯繫起來。

鐵達尼號與無線電

西元 1912 年 4 月 15 日，一個求救訊號穿越了幾百英里的北大西洋——鐵達尼號撞上冰山，這個訊號是由一套在它首航前就已經升級過的馬可尼無線電報系統所發送。新系統在當時世界上能傳輸的距離，可達到 1000 英里（約 1609 公里）。

卡帕西亞號郵輪接到求救訊號，在約 2 個小時後趕到鐵達尼號沉沒的地點，救起 710 名乘客，其餘 1500 名乘客仍不幸罹難。而當時另一艘加州人號郵輪也收到了鐵達尼號的求救訊號，卻沒有回應。無論如何，馬可尼無線電報系統拯救了 710 條人命。

在 25 年後的 1937 年 7 月 21 日，全球的無線通訊服務業者在古列爾莫・馬可尼舉行葬禮當天，停止發送訊號 2 分鐘以表示哀悼之意。

佛萊明

亞歷山大‧佛萊明爵士

發現抗生素並拯救無數性命的科學家

profile

國籍➔大英帝國
身分➔生物學家
生日➔西元1881年8月6日
卒年➔西元1955年3月11日

人體會生病的因素很多，其中有一部分關鍵原因是被細菌感染。以往還沒發明抗生素的時候，很多人會因為細菌的關係而致命。直到西元 1928 年，佛萊明發現青黴菌有殺菌作用，後來提煉出的抗生素，拯救了無數人的性命。

西元 1881 年，佛萊明出生於蘇格蘭的農人家庭，7 歲時父親就過世了。由於家庭情況不好，小時候的佛萊明必須每天走 12 公里路去上學，但他相當好學，小學 5 年級就獲得獎學金前往倫敦進修。

佛萊明住在倫敦的哥哥家中，哥哥是位醫師。佛萊明一開始因為家境的關係，想要從商，16 歲的他就以優異的成績到運輸局工作。只是佛萊明發現這不是他的興趣，但從商學院轉往醫學領域並不容易，佛萊明花了許多時間準備入學考試，後來仍以優異的成績進入了醫學系，3 年之後獲得外科醫師執照。

雖然當上外科醫師，但佛萊明後來選擇的是人體免

做實驗中的佛萊明。

“ 不要等待運氣來臨，
應該主動去努力掌握知識 ”

疫學的路，研究細菌。我們的人體有免疫機制，當遇到病毒或是細菌感染的時候，會自然抵抗，佛萊明對於免疫機制相當感興趣。

第一次世界大戰爆發時，佛萊明在軍隊當中擔任醫官。由於大量的官兵們受傷，佛萊明在戰場上看到用消毒水消毒傷口，只能消毒表層細菌，消毒深處傷口時會破壞人體的白血球。

除此之外，佛萊明和他的老師萊特發現，如果用生理食鹽水消毒深處的傷口，會讓白血球聚集，促使人體用自己的免疫力對抗細菌，但當時佛萊明的看法不被採納，只能眼睜睜看著大量性命死亡。

第一次世界大戰結束後，佛萊明繼續投入免疫學的研究中。有一次他帶著家人去渡假，忘了關實驗室的窗戶，讓很多細菌飛進實驗室。但他往培養皿一看，有一種黴菌在增生，而且旁邊的葡萄球菌都被殺掉了。

佛萊明認為自己發現了一種天然的殺菌物，並且確認這種黴菌是青黴菌，並將它命名為「盤尼西林」。佛萊明發表論文，指出「盤尼西林」可以用來治療腦膜炎、肺炎和猩紅熱等疾病。但佛萊明此時無法大量製成高劑量的青黴素，發現也沒有獲得注意。

然而，牛津大學的教授佛洛里和錢恩看到了佛萊明的研究，想辦法大量生產盤尼西林，並且在西元 1941 年進行人體實驗，沒想到治療了很多的病患。佛萊明的研究在第二次世界大戰時和戰後獲得了應用，超過 2 億人因為佛萊明的發明而得救。

第二次世界大戰的隔年，西元 1945 年佛萊明、佛洛里和錢恩共同獲得了諾貝爾生理醫學獎，表彰他們對人類生命和醫學的貢獻。佛萊明後來訪問美國，有製藥公司提供 10 萬元給他，但他捐給了自己的母校，顯示了他專注研究，樸實而且坦誠的個性，這也是大部分認真科學家的性格。

盤尼西林

盤尼西林也就是所謂的青黴素是現代醫學界極為常用的抗生素之一，幫助了無數的病人。

西元 1940 年底，一位名為亞歷山大的警官不小心感染了敗血症，無意間成為世界上第一位接受青黴素治療的人。當時，醫師使用磺胺類藥物來治療亞歷山大的敗血症，但病情仍持續惡化。佛洛里和錢恩知道後主動詢問亞歷山大的主治醫師，是否願意嘗試用青黴素治療，醫師將純化後的青黴素注射到亞歷山大的體內，並且在接下來的日子裡持續施打，病情因此有了起色。

只是，當時施打的青黴素藥劑卻被快速排出體外，這使得病人必須不斷補充藥劑。為了產出足夠的青黴素，他們甚至收集病患的尿液，希望從中萃取出尚未被代謝掉的青黴素回收使用，但最後亞歷山大仍因青黴素供應不足而不幸過世。

他們也因此發現如果能提供足夠且純度高的青黴素，細菌感染所引起的疾病是可能被治癒的。經過多年努力，在第二次大戰末期，青黴素的產量已經大量提升，並成為世界上第一種可商業化量產的抗生素，拯救了無數人的性命。

Maria Skłod

瑪麗亞・居禮

瑪麗亞・
斯克沃多夫斯卡・居禮

profile

國籍→法蘭西共和國
　　（波蘭裔）
身分→物理學家、化學家
生日→西元1867年11月7日
卒年→西元1934年7月4日

由於女性以往受教育的機會較少，所以科學家並不多，而全世界第一個拿到諾貝爾化學獎得主是瑪麗亞‧斯克沃多夫斯卡‧居禮。生於西元 1867 年波蘭華沙的瑪麗亞，當時祖國正被俄國占領，她的家中有五個孩子，瑪麗亞是年紀最小的一個。

19 世紀的波蘭，由於旁邊都是強權國家，領土被三個鄰國瓜分。由於父母都因從事波蘭獨立戰爭而失去財產，家境十分清寒，但瑪麗亞從小就十分渴望受到教育，中學時就讀寄宿學校，但當時很少有女性可以接受教育，在波蘭，她仍然無法進入正規大學就讀。

然而，瑪麗亞和她的姐姐都渴望讀書，她們約定要一起到巴黎留學，並且互相提供經濟支援。瑪麗亞十分喜歡探究事情的本質，所以走上了研究的道路，後來在法國巴黎大學獲得學位。

瑪麗亞在一次的機會裡得到委託，要調查各種鋼鐵的磁性，讓她展開在巴黎研究工作。做研究的同時，她

瑪麗亞·居禮與其丈夫皮耶·居禮。

也遇到了皮耶‧居禮，兩個人對於科學的熱情，讓她們成為了人生伴侶，後來結婚，並且持續做研究。

　　瑪麗亞與皮耶成功提煉出了一種具有放射性的元素——鐳，可以用來治療狼瘡和某些癌症的化學元素，兩人在實驗室當中花了將近 4 年的時間才成功提煉出來。但是，兩夫婦覺得科學研究的成果是屬於全人類的發現，沒有申請專利，開放大家使用。

　　由於瑪麗亞的成就非凡，西元 1903 年獲得巴黎大學的博士學位。本來應邀到倫敦的皇家學會發表放射性演講，但由於她是女性，無法上台報告，只邀請了皮耶，這也可以看得出來，當時科學界的保守和對女性的不友善。

　　獲得博士的同一年，瑪麗亞和皮耶同時得到了諾貝爾化學獎，她正是第一位獲得這個獎項的女性。皮耶後來任教於巴黎大學，瑪麗亞擔任實驗室主任，然而，西元 1906 年皮耶因為被馬車輾壓而死亡，瑪麗亞十分悲痛，但她沒有放棄繼續在科學上做研究。後來巴黎大學

邀請她接任皮耶教授的職位，成為巴黎大學首位女教授。

　　持續在研究路上專研的瑪麗亞，在西元 1911 年瑞典皇家科學院再度授予她諾貝爾獎，是唯一兩度獲獎的科學家。她所開創的放射性理論，發明了分離放射性同位素的技術，並且發現了兩種新的元素──釙（Polonium）和鐳（Radium）。透過這個研究成果，後來才發明了治療癌症的放射性療法。

　　第一次世界大戰期間，瑪麗亞希望訓練技術人員和醫師，開發野戰醫學，讓在戰場上的人可以得到即時的醫治。除了在科學上鑽研，瑪麗亞從來沒有忘記自己的出生背景。由於波蘭被列強瓜分，她十分支持祖國獨立。波蘭獨立後，她也在華沙成立鐳研究所，幫助國家的科學研究。

　　由於長期與化學物質接觸，瑪麗亞當時不知道放射線對人體的危害，導致她晚年罹患了惡性貧血症，在 66 歲的時候過世。

皮耶・居禮

皮耶・居禮（Pierre Curie）生於西元 1859 年 5 月 15 日一個富裕家庭，父親是一名醫生，因為家人發現皮耶・居禮在物理與數學領域有著非凡的天分，父親還特別讓他從 14 歲時開始跟一位家庭教師學習數學。16 歲時就獲得巴黎大學文理學院科學學士，18 歲再獲理學碩士學位，並留校任實驗室助教。最知名的就是關於磁性的研究「居禮法則」。皮耶・居禮發現，具有磁性的物體會由於溫度增加而減少磁性，稱為「居禮溫度」。

佛洛伊德

西格蒙德・佛洛伊德

潛意識觀念的發現者

profile

國籍➜奧匈帝國
身分➜心理學家
生日➜西元1856年5月6日
卒年➜西元1939年9月23日

人類會按照所思所想行動，但在自己的意識外，還有很多我們潛藏的心理狀態主宰我們的行為。發現人類龐大內在意識的學者，並且將之理論化的就是知名的心理學家佛洛伊德。

生於西元 1856 年奧地利猶太人家庭的佛洛伊德，家裡有三個兄弟和五個姊妹，家庭環境並不好。但是佛洛伊德從小成績優秀，這讓父母親下定決心要努力栽培他。優異的成績，讓他提早一年進入中學就讀，17 歲時就進入奧地利最好的維也納大學攻讀醫學。

佛洛伊德在西元 1881 年從醫學院獲得博士學位，畢業後開始當醫生。然而，由於自己精神狀況的問題，讓他開始從理論思考人類的精神層面。佛洛伊德心理學的核心認為所謂的「意識」就是我們能夠感受的東西。然而，能夠感覺的事物只是我們整個心裡的一小角，他以冰山作為比喻，浮在水面能夠感受的其實只是很小的層面。

那些我們能夠想起而不會忘記的稱為「前意識」，而冰山的最大塊則是「潛意識」，無法記起而且會透過壓抑，讓自己不再想起。佛洛伊德還提出所謂的「戀母情結」，認為人想和自己的父母發生關係，但這會讓現實世界的倫理錯亂，所以在幼年的時候會有很多禁忌告訴我們不能做這、不能做那，糾正我們，這些也會造成我們的壓抑，存留在我們的潛意識中。

佛洛伊德在西元 1885 年左右於維也納大學授課，後來擔任教授。當時他發表了很多論文來支持自己的理論，變得較有名氣，和幾個醫師與學者組成心理學的討論會。為了推廣心理學，佛洛伊德成立學會，創立了學報，並且在各個國家成立心理學會。

沒有所謂玩笑，所有的玩笑都有認真的成分。

在辦公室中的佛洛伊德。

除了發展出潛意識的理論，佛洛伊德後來透過大量著作發展出「自我」、「超我」、和「本我」。「本我」就是人類最原初的欲望，核心就是「性」，但他會受到社會的限制，並且從小就遭受壓抑。「超我」象徵的是社會規範，該做什麼不該做什麼，讓「本我」被壓抑，然而「自我」會在欲望的滿足和「超我」的規範中找到可以運行的「我」，在欲望和社會規範間可行的自己。

　　佛洛伊德長期有嚴重的菸癮，這也讓他得到口腔癌。而且在西元 1930 年代的時候，德國由納粹執政，後來入侵奧地利，侵害猶太人。納粹也將佛洛伊德的書列為禁書，他的女兒也被祕密警察蓋世太保逮捕，幸好後來獲釋。這使得佛洛伊德決心要移民，後來定居在英國。

　　雖然躲過納粹的侵害，但是西元 1939 年佛洛伊德因為口腔癌的關係，忍受不了病痛的折磨，要求醫生幫他安樂死。佛洛伊德對於 20 世紀的心理學、哲學和社會科學的影響相當巨大，幫助人類尋找到龐大的意識冰山，更加瞭解人類的行為。

佛洛伊德的人格發展理論

1. 口腔期（oral stage，0-1 歲）

主要靠口腔部位的吸吮、咀嚼、吞嚥等活動獲得滿足。嬰兒的快樂多半從口腔活動獲得。

2. 肛門期（anal stage，2-3 歲）

主要靠大小便時所生的刺激獲得滿足。如果排泄訓練過於嚴苛，孩子可能會變得過度愛乾淨、整潔、嚴謹或墨守成規；或者是變成反抗式髒亂而發展出「肛門性」人格。

3. 性器期（phallic stage，4-5 歲）

主要靠性器官獲得滿足。此時幼兒喜歡觸摸自己的性器官，幼兒在這個時期已經能辨識男女性別。進而出現了男童以父親為競爭對手的「戀母情結」；女童以母親為競爭對手的「戀父情結」。

4. 潛伏期（latent stage，6-13 歲）

6 歲以後的兒童興趣擴大，從對自己的身體和父母的感情，轉而對周遭事物，男、女童間團體性活動多呈男女分開狀態。

5. 兩性期（genital stage，13 歲青春期以後）

男孩約在 13 歲，女孩約在 12 歲，個體性器官成熟，生心理上開始出現明顯不同。

愛因斯坦

阿爾伯特・愛因斯坦

20 世紀最重要的物理學大師

profile

國籍➡美利堅合眾國
　　　（美國）（猶太裔）
身分➡物理學家
生日➡西元1879年3月14日
卒年➡西元1955年4月18日

如果想到天才，要舉出幾個人，通常大多數人都會想到愛因斯坦。即使我們對於物理學不是很熟悉，但也都聽過他的大名。西元 1879 年生於德國烏爾姆市的他，父親和親戚經營一家電器公司。愛因斯坦小時候被認為有學習障礙，學會講話的時間比一般小孩慢。

愛因斯坦從小在學校較為優異的功課是數學和科學等概念性學科，文科的成績較差。由於對於物理學相當著迷，16 歲時就完成了人生的第一篇論文。17 歲的時候進入蘇黎世聯邦理工學院學習物理。

然而，由於在大學的成績並不特別優秀，所以西元 1900 年畢業的愛因斯坦，並沒有找到教職。最後透過同學父親的關係，先在專利局當公務員。在上班之餘，愛因斯坦還積極的研究，寫了不少篇論文。後來愛因斯坦繼續攻讀博士學位，西元 1905 年在蘇黎世大學獲得博士。

獲得博士那年，也是愛因斯坦創造性最高的一年。

他發表了好幾篇論文，撼動了當時的學術界。因為他推翻了 200 年來牛頓所建立的絕對空間和時間的理論，也從方程式 $E=mc^2$ 推導出光速運動勝過所有的運動。

　　瑞士的伯恩大學在西元 1908 年聘請愛因斯坦為講師，然而由於薪水不多，他仍然一邊在專利局工作，一邊做研究。接下來數年，愛因斯坦持續發表論文，後來也轉任為布拉格查理大學的教授，並且回到母校蘇黎世聯邦理工學院任教。

　　德國威廉皇家學會於西元 1911 年成立，後來下面有很多的研究所。愛因斯坦於西元 1914 年出任物理研究所的第一任所長，並且在著名的柏林洪堡大學擔任教授。接著又當選了普魯士科學院的院士，這已經是當時德國物理學界最為崇高的位置。

　　西元 1915 年愛因斯坦發表相對論的論文指出當光線經過太陽的重力場時會彎曲，而且後來由天文學家的觀測所證實，頓時讓愛因斯坦成為全球頭版人物。諾貝爾

愛因斯坦照。

「人生就像騎自行車，
為了讓自己保持平衡，
你必需向前邁進。」

物理學獎在西元 1921 年頒發給愛因斯坦，並不是因為在相對論上的發現，主要是因為當時還有爭議，而是他在光電效應上的論文。

由於當時的德國政府由納粹所領導，境內的猶太人都被關進集中營。西元 1933 年人在美國的愛因斯坦宣布放棄德國國籍，並且辭去了普魯士科學院的職務。當年愛因斯坦獲聘為美國普林斯頓大學高等研究院的教授，一直到過世之前，愛因斯坦都在這裡做研究。

第二次世界大戰，很多德國受迫害的科學家向愛因斯坦提到納粹正在研發威力驚人的原子彈。愛因斯坦擔心納粹發展出來後，對人類會有很大的危害，寫信給當時的羅斯福總統。美國啟動了曼哈頓計畫，開發了原子彈以防止納粹的行動。

愛因斯坦晚年投入了和平運動，他知道戰爭對於猶太民族的迫害，所以支持以色列的建國運動。晚年他因為動脈瘤的破裂而辭世。

學習知識 PLUS

狹義相對論

「狹義相對論」（或稱「特殊相對論」），包含兩個基本原理：

❶ 相對性（同等性）原理：在所有慣性系（不受外力作用，作直線等速運動的系統）中，物理法則是相同的。

❷ 光速不變。（不受光源、慣性系或觀測者的運動影響）

「E = mc2」這個公式正說明質量與能量的等價性：

❶ 當物質得到能量進行運動時，它的質量也會隨著增加。也就是，能量在此轉換成質量。

❷ 當質量損失時，也會轉換成能量的形式。

Alfred Adler

阿德勒 阿爾弗雷德‧阿德勒

瞭解人類行為動機的心理學家

profile

國籍➡奧匈帝國
身分➡醫師、心理治療師
生日➡西元1870年2月7日
卒年➡西元1937年5月28日

關於小孩的教養，讓很多父母傷透腦筋，是該懲罰還是獎勵？除了這些方法以外，還有其他方式嗎？心理學家阿德勒為我們提供了很多瞭解深層心理的方式，並且應用在實際生活中。

西元 1870 年，阿德勒出生於奧地利首都維也納的猶太家庭，家裡相當富裕。然而，在六個孩子中排名第二的阿德勒，從小並不快樂，他沒有自己哥哥的高大挺拔，加上體弱多病，還有被車子撞的經驗，加上弟弟在他身旁睡覺的時候過世，讓他十分害怕死亡，因此立志要當個醫師。

中學畢業後，阿德勒進入了維也納大學學習醫學，專攻眼科。但他對心理學、社會學和哲學相當感興趣，後來也開始進入神經內科和精神醫學領域。當時奧地利最有名的心理醫師是佛洛伊德，阿德勒對於他的理論和想法十分著迷，後來加入了維也納的精神分析學會，和佛洛伊德一起討論。

佛洛伊德認為「性的驅力」是人類最重要的動力，著重在人性的黑暗面，而且認為童年經驗會影響人的一輩子。但是，阿德勒後來和佛洛伊德有不同的意見，他認為人雖然會被童年經驗所影響，但可以做出改變，而且也能在關係中做修正，並且引導到好的方向。

　　阿德勒心理學強調要用平等和尊重的態度對待孩子，瞭解他們做一件事情背後的動機。教導孩子時要以溫和堅定的態度，透過鼓勵並告知會產生的後果，讓孩子能獨立思考並且培養負責的態度。

　　阿德勒也從自己小時候的經驗，思考關於自卑感的問題。我們有不足，而自卑感本身就有，但人也天生就有想要變得更好的動力，如果透過懲罰，只會加深自卑感。孩子出生以後，會從自己的身體和外在環境中接收到各種印象，創造出對自己、他人和社會的看法。如果孩子覺得環境是友善的，自己是可愛的，就容易從正向關係中，找到自我價值。

> 所有煩惱，都是人際關係的煩惱。其實就連隱士，也很在意他人的眼光。

阿德勒照。

阿德勒透過兒童的心理輔導，並且撰寫著作，到處演講，成為與佛洛伊德和榮格齊名的心理學家，西元1926年阿德勒受邀到美國知名的哥倫比亞大學任教，讓他的影響力不只在歐洲，還到了美國。

　　由於第二次世界大戰的關係，德國的納粹開始迫害歐洲的猶太人，阿德勒無法返回歐洲，留在美國繼續講學，但卻在西元1937年因為過於勞累心肌梗塞而死。

　　阿德勒用正向的方式，他認為人際關係最重要的就是要「接納自我」、「信任他人」和「貢獻他人」。誠實地接納自己，全力以赴，但要知道自己的界線在哪裡，然後用平靜的心接受這個自己。

　　透過信任他人與貢獻他人，才能讓個體獲得價值。阿德勒的心理學透過他的學生還有自己的著作，後來不僅在西方世界，在亞洲也引起一股風潮，成為當代最重要的心理學說。

佛洛伊德與阿德勒的主要哲學觀點與概念比較

佛洛伊德	阿德勒
哲學觀點是悲觀的。	哲學觀點是樂觀的。
個體分割對抗自己。	個體是統一的。
過去對個體有決定性作用。	未來、目標與目的對個體都有決定性作用。
自我受超我與本我所壓制。	個體會積極面對社會。
自我有防衛機轉。	生活型態受到對他人態度的影響。
幼兒有全能的感覺。	兒童有自卑感。
欲望是心理能源的核心。	尋求超越是能源動力所在。
強調親子關係與戀親情結。	強調手足關係與出生序列。
神經症是無法文明化的結果，也可能是遺傳而來。	神經症是個人無法履行社區責任的結果。
治療的目標在使個人潛意識歷程意識化，重視移情作用與心理歷程分析。	治療的目標著重於人生目標的重新導向。
基本上認為人是性惡，透過治療可以將人的本能昇華。	人性非善非惡，人是一個可以自我選擇善與惡、生活型態的個體。透過治療可以使人選擇充分發展自我。
人是相互敵對的，主要在保護自我，神經症與性密切關聯，內在問題是探討的重點。	人是均等、合作與群性的個體。神經症是學習不良與知覺扭曲的結果，與性無關，人際問題才是行為重點。

資料來源：Belkin (1975), p.203; Gladding (1992), pp.78-79

Lee Yuan Ts

李遠哲

第一個榮獲諾貝爾化學獎的台灣人

profile

國籍➡台灣

身分➡化學家

生日➡西元1936年11月19日

諾貝爾獎每年獎勵在不同領域上有卓越貢獻的人，而台灣唯一獲得諾貝爾化學獎的是李遠哲博士。出生於西元 1936 年的李遠哲是新竹人，當時台灣在日本的統治下，由於美國和日本打仗，派軍隊空襲台灣，李遠哲小時候有一段時間在鄉下避難。

李遠哲的父親是知名的畫家李澤藩，因為家學淵源，讓李遠哲有深厚的音樂和藝術上的薰陶。高中時，李遠哲有一次生病，在家休養的時候，他閱讀了諾貝爾獎得主瑪麗亞·斯克沃多夫斯卡·居禮的傳記，對於科學家堅持不懈地追求知識相當感動，並且立志研究化學。

大學的時候，李遠哲進入了台灣大學化學工程系就讀，但後來發現自己對於純粹的理論比較有興趣，轉系到化學系就讀。由於受到當時室友的影響，他對於物理化學有興趣。然而，當時化學系的課程沒有辦法滿足他的求知欲，於是他到別的系所學習熱力學，或是在宿舍自學。

壯年時期的李遠哲。

要有追根究底、毫不妥協
的精神，無論生活或研究工作
都必須非常認真，
要打破砂鍋問到底。

從台灣大學畢業之後，他考上了清華大學原子科學研究所，研究北投石的放射性，碩士畢業後前往美國知名的柏克萊大學就讀。李遠哲在博士階段逐漸找到學術的目標，對於離子－分子間的作用產生興趣。

　　李遠哲在 31 歲的時候拿到了柏克萊大學的博士學位，並前往哈佛大學擔任博士後研究員。在這個階段，對於後來研究工作最為關鍵的就是設計出了「交叉分子束實驗裝置」，這個儀器可以用來理解分子的碰撞還有相關反應，讓兩道分子束相互碰撞後，化學家可以觀察碰撞前後所產生的差別，可以詳細瞭解相關的化學反應。

　　透過李遠哲所設計的儀器，可以廣泛應用在很多的研究當中，他後來不斷改良這項儀器，並且前往美國一流的芝加哥大學和柏克萊大學教書。在西元 1982 年，李遠哲獲得中央研究院院士的殊榮，他沒有忘記台灣對他的影響，而且積極要加強台灣科學的基礎研究。

　　西元 1986 年李遠哲更獲得了諾貝爾化學獎的最高榮

譽，表彰他在化學基本過程的動態研究，讓科學界更加瞭解化學的相關反應。李遠哲是台灣第一位獲得諾貝爾獎的得主，獲獎後，他將獎牌贈送給了母校新竹中學，感謝他們的培養。

除此之外，李遠哲大量的引進外國優秀的人才回台灣，加強台灣的科學研究。西元1994年李遠哲離開美國，擔任台灣最高的學術機關中央研究院的院長。

除了科學上有所成就，李遠哲積極投入教育改革的工作。當時的政府希望透過李遠哲崇隆的聲望，凝聚大家對於教育改革相關議題的共識。李遠哲關心教育，也關心台灣的環境，後來和環保團體一同發聲，希望台灣成為一個沒有核能發電的國家。

身為一個科學成就極高的學者，李遠哲不僅在科學上做出極大的貢獻，同時也透過社會實踐，回饋給培養他的台灣。

中央研究院

中央研究院,簡稱中研院,是台灣最高學術殿堂,直接隸屬於總統府,院士屬台灣學術界最高榮譽,首任院長為蔡元培。主要任務包括人文及科學研究,指導、聯絡及獎勵學術研究,培養高級學術研究人才。所屬的研究員、副研究員與助理研究員,位階相當於大學教授、副教授與助理教授,台灣的頂尖大學也經常藉由合聘與兼任方式,聘請中央研究院研究員充實師資陣容與指導研究生。許多院士是在中央研究院擔任專任研究員時當選,或在當選後兼任研究員或通信研究員。(資料來源:中研院官網)

第一位中央研究院院長暨創辦人蔡元培。

馬斯克

伊隆・里夫・馬斯克

夢想上火星的男人

profile

國籍➔美利堅合眾國
　　　（美國）
身分➔企業家
生日➔西元1971年6月28日

lusk

當我們仰望，希望能在天空翱翔，以前的人類覺得不可能，但飛機的發明讓夢想實現。當我們看著月球和其他星體，夢想著能夠前往外太空居住，現在也許還是夢想，但有人卻一步一步地想要前往外星球居住，這個偉大的夢想家就是伊隆‧里夫‧馬斯克。

原籍加拿大的馬斯克出生在南非，母親梅伊本來是個模特兒，遠嫁到南非，生了三個孩子。10 歲的時候，馬斯克對電腦和遊戲產生興趣，父親買了一台電腦給他，打開他學習程式設計之門，沒想到在 12 小時內就寫了一個電子遊戲，賣出去獲利。

父母親後來離異，本來跟著父親的馬斯克發現兩人無法相處，便前往加拿大與母親同住。他本來在農場和木材工廠打零工，後來申請進入了加拿大的皇后大學就讀，2 年後靠著優異的成績進入了美國常春藤名校賓州大學。

天資優異而且還是個發明家與創業家的馬斯克，大學畢業後，就到矽谷的兩家新創公司實習，他本來要到

史丹佛大學繼續攻讀博士，但著迷於創業的他，卻轉而投入了網路事業的發展。

馬斯克的航太公司 SpaceX 試射火箭。

> **我一直期待我們可以衝出地球，
> 放一個人在火星上，
> 在月球上有一個基地，
> 並擁有頻繁的軌道飛行航班。**

　　24 歲的馬斯克和弟弟成立了網路公司，由於沒有本錢，只能租辦公室，睡在沙發上，日以繼夜地寫程式，直到完成了類似現在的導航軟體。由於程式開發成功，這家公司被大型電腦公司收購，讓馬斯克有了一筆錢可以繼續創業。

　　喜歡無拘無束的馬斯克，相信網路世界不該有限制，買賣之間也不應有障礙。他後來創辦了 PayPal 網上支付機制，讓付費無需透過銀行代理，可以直接付款給對方，堪稱 21 世紀的金融革命。開發完電子商務系統後，馬斯克又將這個系統轉賣，為了實現他更遠大的夢想。

　　馬斯克關心地球環境問題，所以發展太陽能和電動

汽車，他提出了太陽能城市的概念，研發住家用的太陽能發電和系統設計，目前提供超過五百個社區使用。接著，他又發展了特斯拉汽車，因為現在的汽車主要都靠燃燒石油推進引擎，馬斯克則研發出超級電容器，讓汽車有足夠的動力可以行駛。

　　馬斯克夢想要帶著人類移民火星，他認為未來人類可能會滅絕，我們不能讓所有的人類都居住在地球上，他計畫在西元 2050 年以前，送 100 萬人上火星，建立一座城市，所以他創辦了 SpaceX 公司，專門研發火箭和推進器。由於前往火星的工程巨大，SpaceX 獲得美國太空總署的合約，先嘗試載人上月球旅行，日本的企業家前澤友作預訂了上面七個座位，未來幾年內會升空。

　　除了聽起來很瘋狂的火星計畫外，馬斯克還有一間挖掘隧道的公司，目的是為了發展美國的高鐵。還有一間神經科技的公司，嘗試在人類的腦袋中植入晶片。天馬行空創業過程，馬斯克在西元 2021 年成為全世界最富有的人，但這樣的他仍然不滿足，繼續朝著夢想前進。

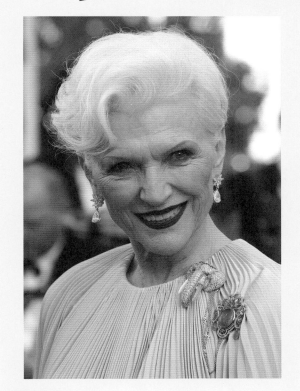

梅伊‧馬斯克

梅伊‧馬斯克（Maye Musk），除了是全球首富伊隆‧里夫‧馬斯克的母親，也是企業家、營養師、時尚名人，並且擁有兩個營養學碩士學位，也是一個 70 歲多仍活躍在舞台上的模特兒。這位獨自拉拔三位孩子長大的單親媽媽，在時尚產業工作超過 50 年，但直到 60 多歲重返模特兒舞台，頭髮變白的時候才開始走紅。

CHAPTER 2
推動新思潮
改變社會發展

亞當‧斯密

自由經濟學思想的鼻祖

profile

國籍➜大英帝國
身分➜經濟學家、哲學家
生日➜西元1723年6月5日
卒年➜西元1790年7月17日

對於經濟學不熟的人可能也聽過市場是「一隻看不見的手」，這隻手的理論基礎到底是什麼？他是離現在 300 年前出生的英國學者亞當‧斯密所提出的，成為現在經濟學的重要思想推手。

西元 1723 年亞當‧斯密出生於蘇格蘭，他的爸爸是執業律師，同時也在海關任職，但在亞當‧斯密出生前的幾個月過世。幸好母親是當地大地主的女兒，有足夠的資源可以撫養，讓亞當‧斯密在優渥的環境中成長。

從小就對閱讀有很高的興趣，亞當‧斯密後來到蘇格蘭的格拉斯哥大學就讀哲學、數學和政治經濟學。畢業後得到牛津大學的獎學金，可以繼續深造。然而，當時牛津大學的教授對於教學並不積極，亞當‧斯密沒有從牛津大學的教授得到很多的啟發，牛津大學的學習生活對他最大的幫助反而是擁有大量閱讀時間，而且藏書豐富的圖書館，讓他可以廣泛地吸取大量知識。

28 歲的時候，亞當‧斯密回到格拉斯哥大學教書，

主要教授邏輯學和道德哲學。或許大家覺得很奇怪，經濟學思想的推手為什麼教授道德哲學？其實西方大部分的學問都是從哲學衍生出來，亞當‧斯密就是從人類的行為開始推演出經濟學的思想。

亞當‧斯密在 36 歲的時候出版了《道德情操論》，透過這本書，他想要瞭解財富對人的意義，想要獲得財富是因為關心自身的幸福。但是如果需要犧牲別人的幸福，這樣的財富就不值得獲取，得到利益的過程不一定要放棄該有的道德。

之後，亞當‧斯密出版了重要著作《國富論》，認為經濟市場看起來好像相當混亂沒有秩序，找不到一個準則，其實背後有一隻看不到的手在調節生產。我們可以想像糧食短缺的時候，它的價格就會上漲，生產糧食因為有利可圖，想要賺錢的人都會加緊生產。每個人都進來生產之後，糧食的供應較多，價格上漲的問題便能獲得解決。

英國蘇格蘭愛丁堡皇家大道上的亞當·斯密雕像。

❝藉由追求個人的利益，往往也
使人更為有效地促進了這個社
會的利益，而超出原先的意料
之外。**❞**

經濟問題的背後有一套邏輯，就好像是「一隻看不見的手」，不需要透過政府的干涉，自由市場會決定市場的生產與分配問題。如果政府過度干預商業和市場的運作，反而會導致不良的後果。

如果我們看《道德情操論》和《國富論》兩本書，前者認為道德的重要性，後者覺得自由放任的重要性，或許覺得有點矛盾。然而其中所反映的是不同的社會狀況，前者是大家都相互認識的小社會，大家都在道德的約束下。但是在現代的經濟秩序下，每個人都靠道德是無法生存下去，需要個體都按照自己的利益，才能調節整個市場。

亞當‧斯密的著作出版了以後獲得很多人的關注。40 歲以後，他獲得一份收入很好的工作，辭去大學的教職，到歐洲不同地方旅行，結識不少知識分子，交換相關意見。50 歲以後的亞當‧斯密回到了蘇格蘭，任職蘇格蘭關稅部長，和母親一起住在愛丁堡，於 67 歲的時候過世。

《國富論》

《國富論》（The Wealth of Nations）首版於啟蒙時代的西元 1776 年 3 月 9 日出版，不僅影響了作家和經濟學家，同時也影響了各國政府和組織。

亞當‧斯密認為國民財富的產生主要取決於兩個因素，一是勞動力技術、技巧和判斷力，二是勞動力和總人口的比例。在這兩個因素中，第一個因素有著決定性作用。書中提到的市場上「一隻看不見的手」，透過價格機制，使追求自利的個體行動能促進社會整體的效率。這部著作是現代經濟學第一部專著，後來的經濟學家基本上都是沿著他的方法分析經濟發展規律。

亞當‧斯密的《國富論》第一版，該書於西元 2013 年 9 月 4 日在里昂拍賣行拍賣。

馬克思

卡爾·馬克思

無產階級和勞動人民的革命導師

profile

國籍➡普魯士王國
身分➡哲學家
生日➡西元1818年5月5日
卒年➡西元1883年3月14日

近　百年來影響世界政治和社會最大的思潮就是共產主義，蘇聯、中國、越南和北韓現在都還是共產主義國家，他們的思想根源就是由馬克思所發展出來的思想。但這些國家和馬克思的想法一樣嗎？讓我們回到 200 年前馬克思的年代，來看看這個影響世界甚巨的想法如何產生？

　　馬克思生於西元 1818 年，他的家庭是富裕的中產階階，父親是當地律師。由於家庭教育開明，後來進入的特里爾中學，校長也是馬克思父親的朋友，當時在學校教育中宣揚自由思想。馬克思很會讀書，本來想學習哲學，但父親堅持要他讀法律，於是他進了名校波昂大學，再轉學到頂尖的柏林洪堡大學讀書。馬克斯在大學期間就認識了後來的太太，也是一個社會學家。

　　大學時代的馬克斯加入了探討黑格爾哲學思想的社團，雖然父親希望馬克思讀法律，但他還是醉心哲學。馬克思後來獲得了博士學位，本來想要鑽研學術，但他對於社會議題更加關注。畢業以後搬到了德國科隆，擔

任立場相當鮮明的報紙《萊茵報》的主編，透過報紙表達他對社會的看法。

由於強烈批評政府，引起了注意，《萊茵報》後來被政府勒令停業。馬克思沒有了工作後前往巴黎，繼續編輯激進的《德法年鑑》。在巴黎的馬克斯過著清苦的日子，西元 1844 年的時候在咖啡館遇到未來思想和工作上的最佳夥伴恩格斯。他們熱烈地討論，認為工人階級將來會在政治與革命上扮演重大的角色。

馬克思在巴黎期間寫下很多著作，包含知名的《1844年哲學和經濟學手稿》，並且發展出所謂的「歷史唯物主義」，認為改變歷史的動力不在於概念或是精神性想法，而是透過實際物質，並且在革命的實踐中進行。馬

生活就像海洋，只有意志堅強的人，才能到達彼岸。

馬克思在大會上講話。

克思後來在巴黎成立了「共產主義者同盟」，由於主張太過激進，遭到法國政府驅逐，前往倫敦。

逃亡到倫敦的馬克斯過著相當辛苦的生活，七名子女中，有四位不幸夭折，但他仍然積極籌劃組織，期望工人階級能夠起來革命，推翻由資產階級所組織的社會。

恩格斯後來接手家族生意，獲得很大的收入，支撐馬克斯在倫敦的生活。由於生活狀況不好，西元 1881 年先是馬克思的妻子過世，1 年半後馬克思也告別人世。

馬克思的思想主軸主要在《資本論》和《共產黨宣言》，他認為人類透過有意義的勞動建立自己的存在，人和動物不同之處在於我們是有計畫性的勞動。然而，由於資本主義的發展，我們每個人的勞動力開始有了相對應的價值，而且由於生產大量商品，我們的勞動是為了這些商品，而不是有意義性的賦予勞動生命上的意義。

馬克思讓我們思考工作與生命的關係，希望我們能從生命當中獲得成就與滿足感，而且他希望每個人可以決定自由時間的運用，不用無休無止地工作。工作是讓我們獲得生命的意義，而不是金錢的奴隸。馬克思同時也讓我們知道，面對不公平的體制時，應該要挺身而出，而不是默默承受。

《資本論》

《資本論》（Das Kapital），原名《資本論：政治經濟學的批判》（Das Kapital: Kritik der politischen Ökonomie），是由馬克思著作、恩格斯編輯的一部歷史唯物主義基礎理論。第一卷初版於 1867 年。這部作品對資本主義進行了批判性的分析，對日後社會科學和人文科學產生很大的影響。

《資本論》第一版俄文版。

達爾文

查爾斯・羅伯特・達爾文

現代演化生物學之父

profile

國籍➜大英帝國
身分➜博物學家
生日➜西元1809年2月12日
卒年➜西元1882年4月19日

人是怎麼來的？在東方和西方都有不同的看法，信仰基督教的人認為神按照自己的形象創造了亞當，後來又創造了夏娃，然後繁衍出人類。但現在世界上大部分的人會相信科學的演化論，知道人類有動物的祖先，而改變這個想法的重要推手就是達爾文。

出生於西元 1809 年的達爾文，父親是當地的醫師，出生時家裡就已經有四個孩子。達爾文從小無聊的時候，就會去父親的圖書館，喜歡觀察動物和植物。中學的時候他對文學產生興趣，後來受到哥哥的影響，著迷於化學。

達爾文中學畢業後到愛丁堡大學學習醫學，當時的愛丁堡大學的醫學是英國設備最好、師資最齊全的醫學院，然而達爾文對醫學並不感興趣。後來修習了博物館、昆蟲和植物等大量不同學科。日後到了劍橋大學讀書，當時他的學習範圍仍然很廣，但最喜歡的是跟著植物學亨斯洛教授學習，對於採集植物很感興趣。

達爾文成年後選擇做了牧師，但是仍然醉心於生物學。一場重要的旅行改變了達爾文的一生，海軍有個船長想要調查南美洲海岸，亨斯洛教授推薦了達爾文。雖然家裡長輩反對，但達爾文覺得這場旅行可能對於未來在生物研究上的發展很有幫助。說服了長輩，達爾文搭上了小獵犬號，歷經了長達 5 年的航行。

　　小獵犬號的航行對於達爾文後來的學術發展有很重大影響，經過太平洋上的加拉巴哥群島上時，由於遠離大陸，所以這座島上的生物與其他地方不同。達爾文仔細觀察，發現每一種動物會適應自然的環境，由原來的「種」產生「亞種」，自然會淘汰不適合的「種」，這個過程是經歷過相當久遠的時間，這也成為後來《物種起源》理論的基礎。

　　回到英國後，達爾文先出版了《小獵犬號航海記》，這本書讓他成為知名作家。但達爾文對於出航期間所看到的生物還有化石相當感興趣，開始思考物種的問題，他相信物種是演化而來的。但是，當時這樣的思想在學

> 回顧從前，我認為看清問題要比解決問題來得困難許多。

英國倫敦國家歷史博物館內真人大小的查爾斯達爾文大理石雕像。

術界很難得到認可，所以達爾文並不敢冒然提出。

　　達爾文 50 歲的時候，累積了大量材料，花了將近 20 年的時間，出版了重要著作《物種起源》。裡面詳細提出了「進化論」的觀點，指出物種在不斷的變化中，由簡單到複雜、從低級到高級的演化過程。當然，人類也不例外。達爾文的理論引起了當時整個思想界的騷動，讓基督教的理論受到打擊，所以對於他的批評也就排山倒海而來。

　　然而，不少學者都相當擁護達爾文，認為他將人類的由來加以科學化，有助於我們思想上的解放，鬆開宗教的束縛。達爾文後來仍然持續研究，發展與深化他的理論，用更多科學的證據指出物種變化和自然選擇的相關論點。我們現在相信人類是由演化而來，主要是透過達爾文扎實的研究加以證明，科學的進步讓我們得以擺脫宗教上的神話，相信人類的理性。

關於達爾文的《小獵犬號航海記》

《小獵犬號航海記》（The Voyage of the Beagle）是達爾文在西元 1839 年所發表的著作，書中記載搭乘小獵犬號航行世界期間的見聞，這本書的出版促使達爾文成名並開始受到注意。書中包含了許多生物學、地質學以及人類學研究，並成為達爾文後來發展出自然選擇演化理論的基礎之一。

《小獵犬號航海記》可以說是 19 世紀初期英國「自然史」的一個「標本」，包括地質、地貌的觀察，古生物、現生物的分布與描述，甚至對各地土著的人類學觀察。從「自然史」衍生出的學問，古生物學、比較解剖學、分類學、生物地理學、生態學、人類學，也是達爾文發展演化論的主要資料。

西元 1831-1836 年的探險世界地圖上，英國博物學家達爾文所搭乘的英國皇家海軍小獵犬號的行程。

Edward Jenn

詹納 愛德華·詹納

天花終結者與疫苗之父

由於新冠肺炎的流行，讓很多人都停止了日常生活中的旅行、聚餐和群聚的活動。新冠肺炎之所以可怕，在於它是新型的流行病毒，人類沒有免疫力可以抵抗。

人類對抗病毒的歷史相當長久，每次都會造成大量的死亡，但直到快要 19 世紀才發現注射疫苗的有效性。疫苗的想法就是注射少量的病毒到人體之中，人的免疫系統會產生抗體，之後如果再遇到大量的病毒，也不會染病。

我們現代人已經很少聽到天花這樣的傳染病了，但在以往，天花是一種很可怕的傳染病。200 年前的歐洲，天花可以造成超過 10％的人死亡，有些地區甚至可以到 20％，可以說每個人聞天花色變。

愛德華‧詹納在西元 1749 年出生在英國格洛斯特郡，家中有九個孩子，他排行第八。由於父親是一名牧師，從小注重教育，詹納也非常樂於學習，14 歲的時候

詹納為兒童接種牛痘血清。

> **人偏離了自然本性所處的狀態，對他來說似乎已證明是多種疾病的源頭。**

就開始了實習醫生的生活。

當時的很多醫生都在尋找天花的防治方法，有些醫師觀察到擠牛奶的女工不大會感染天花，或許其中藏著某些治療天花的方法。後來發現原來感染過牛痘的人會對天花免疫，但要如何讓大家感染牛痘呢？

詹納的研究發現牛痘上水疱的液體讓他們免於感染天花，如果將液體透過針頭注射到人的身體上，是不是可以預防天花呢？為了證實自己的假說，詹納找到了一名叫菲普斯的男孩，將水疱上的液體注射到小男孩的身體。

後來小男孩的身體有點不舒服和發燒，但過了幾天之後就好了。但要如何證實小男孩對天花已經免疫了呢？詹納用了非常大膽的方法，他將天花的病毒注射到小男孩的體內，後來小男孩沒有染病。

　　然而，詹納覺得一例太少，持續的研究，經過了修正，他又持續實驗了二十三個例子，其中還包含他才十一個月大的兒子。在確認了這些接種的人都沒事後，他發表了自己的研究，當時醫學界在他堅持不懈的研究中肯定了牛痘可以作為天花疫苗。

　　詹納的人體實驗在那個時代可行，但在這個時代，對於還未證實的疫苗要做人體實驗時，有更嚴格的法律規範。不管如何，當詹納的實驗成功後，歐洲不同的國家間都開始接種牛痘，很多人都免於因感染而致命。詹納因為開發天花疫苗成功，讓他在後來的人生中都為疫苗而努力，得到「疫苗之父」的美名。

　　疫苗發現了以後，對於世界的影響很大。後來開始

詹納正在為妻子抱著的兒子接種疫苗。

發明百日咳、破傷風、麻疹、卡介苗等病毒的疫苗，讓人類逐漸脫離某些病毒的戕害。面對目前的新冠肺炎，醫學專家們積極地研發疫苗，希望讓人類能夠脫離現在的情況。

法國週刊《Le Petit Journal》報導西元 1905 年巴黎免費接種天花疫苗。

關於天花與接種方法

這是一種由天花病毒所引起的急性傳染病，對人類有不同程度的危害，罹患後致死率高，也沒有有效治療方法。這種疾病最早於在 4 世紀於中國及印度被發現，16 世紀曾肆虐全球造成 350 多萬人死亡，在西元 1970 年以前，全世界每年感染人數超過 1500 萬人以上，其中至少導致 200 萬人死亡。

患者通常在染病後的 12 天內，出現包括發燒、肌肉疼痛、頭痛等類似感冒症狀。幾天後，口腔、喉嚨的黏膜會長出紅點，身體多處也會長出皮疹（多半以臉部為主）。最早出現的天花預防法為接種（又被稱為「人痘接種術」以便與後來出現的天花疫苗區分）。

根據文獻記載，古印度早於西元前 1000 年就採用了這個方法。接種者吸入已被磨成粉末的皮痂，或使用沾有這些皮痂的利器刮破皮膚。中國則最早於西元 10 世紀的北宋時期開始採用接種法。成功接種的人可擁有持久的免疫力，也能降低患上天花死亡的機會；如果失敗，接種者會染上天花，並可能散播病毒。

Alfred Bernl

諾貝爾

阿佛烈・伯恩哈德・諾貝爾

追求和平的偉大發明家

profile

國籍➔瑞典王國
身分➔發明家、慈善家
生日➔西元1833年10月21日
卒年➔西元1896年12月10日

每 年瑞典各頒獎學院都會宣布在醫學、化學、物理和文學獲得諾貝爾獎的學者，只有每個領域的佼佼者和菁英才有可能獲得，還有一項很重要的獎項——和平獎，給予促進世界和平有重大貢獻的人。

諾貝爾獎的創辦人是瑞典知名的科學家和發明家諾貝爾。西元 1833 年出生於瑞典首都斯德哥爾摩的他，父親是一個機械工程師，平常專門研究爆破裝置。但是，後來不小心把房產給燒了。

原本還算殷實的家庭，一夕之間陷入經濟困窘，小時候的諾貝爾沒有受到太多教育。幸好父親到處奔走努力，而且諾貝爾的母親也一起扶持家庭，才走過困難。

諾貝爾的父親後來到俄國從事軍事工業的生產，主要是發展魚雷，剛好俄國的軍事產業正在起步，讓諾貝爾的家庭情況大為好轉。父親將諾貝爾接到俄國，進入貴族學校就讀，還聘請教授級的家教到家裡來教諾貝爾。

> 人生最大的快樂不在於占有什麼，而在於追求什麼的過程中。

諾貝爾照。

諾貝爾除了學習不同的學問，對於語言也很有天分，除了母語瑞典話以外，還會英文、德文、俄文和法文，這也很方便他後來到處做生意。

19 世紀中期剛好是歐洲工業革命興起的年代，歐洲很多國家發展出應用的科學在產業中，諾貝爾最感興趣的是炸藥。他在西元 1847 年到了義大利與索布雷洛學習製造硝化甘油，可以用來引爆的液體，但是非常不穩定，經常產生爆炸。

諾貝爾非常著迷於硝化甘油的特性，對爆破裝置相當感興趣，在瞭解硝化甘油後，他致力於改善不穩定易爆的特性。但是，改善的過程讓諾貝爾吃足了苦頭。西元 1864 年他在斯德哥爾摩的研究室大爆炸，其中有五個人罹難，其中還包含他的親弟弟。

雖然悲痛，但諾貝爾還是致力於改善硝化甘油，再度經歷了很多失敗之後，諾貝爾終於找到了矽藻土，可以吸收大量的硝化甘油，而且增加了穩定性，不會輕易

諾貝爾炸藥有限公司的工人。

的爆炸。

諾貝爾在西元 1867 年，將他的新發明稱為「Dynamite」，後來也成為英文「炸藥」的意思。諾貝爾為他的新發明申請專利，炸藥問世以後，在市場上大受歡迎，並且在世界各地開始應用，製造矽藻土炸藥的工廠將近百家，諾貝爾的財富大為增加，成為巨富。

本來諾貝爾發明炸藥的目的是為了幫助工程，提供開山鑿路的使用，然而，炸藥後來也成為殺人的工具，應用在實際的戰爭場合。諾貝爾一輩子都反對戰爭，對於炸藥使用在殺人的用途上十分痛心。

諾貝爾無法改變炸藥的使用方式，所以他留下大量財產，用基金產生的利息作為獎金，提供豐厚的獎金給各領域的傑出貢獻者，除了化學、醫學、物理、文學，還有一個獎是他一輩子的痛——和平。

諾貝爾獎

獎項	內容
物理學獎	瑞典皇家科學院負責頒發，始於西元 1901 年，每年 12 月 10 日頒獎，表揚物理學領域重要發現或發明者。
化學獎	瑞典皇家科學院負責頒發，始於西元 1901 年，每年 12 月 10 日頒獎，表揚化學領域重要發現或發明者。
生理學或醫學獎	瑞典卡羅琳醫學院負責頒發，始於西元 1901 年，每年 12 月 10 日舉行頒獎，表揚生理學或醫學領域重要發現或發明者。
文學獎	瑞典學院負責頒發，始於西元 1901 年，每年 12 月 10 日舉行頒獎，表揚文學領域創作出具理想的絕佳作品者。
和平獎	挪威議會的諾貝爾委員會負責頒發，始於西元 1901 年，每年 12 月 10 日舉行頒獎，表揚促進民族國家團結友好、取消或裁減軍備以及為和平會議的組織和宣傳擁有傑出貢獻者。
經濟學獎	瑞典皇家科學院負責頒發，始於西元 1968 年，由瑞典銀行出資增設，每年 12 月 10 日舉行頒獎，原稱「瑞典銀行紀念諾貝爾經濟學獎」，通稱「諾貝爾經濟學獎」或「諾貝爾紀念獎」。表揚經濟學領域有傑出貢獻者。

凱因斯

約翰·梅納德·凱因斯

宏觀經濟學之父

profile

國籍➜大不列顛暨北愛爾蘭
　　　聯合王國（英國）
身分➜經濟學家
生日➜西元1883年6月5日
卒年➜西元1946年4月21日

現在世界經常會陷入經濟危機，這時需要政府提出相關制度和政策來幫助找不到工作的人，我們以為這樣是理所當然的事情，其實不是，以往的政府對於找不到工作的人並不關心，直到經濟學大師凱因斯的理論以後，才有不同的想法。

西元 1883 年出生於英國劍橋的凱因斯，因家學淵源，父親就是劍橋大學的哲學和經濟學的教授，母親是一位作家。凱因斯從小的學業成績就相當優秀，後來進入英國的貴族名校伊頓公學就讀，就學期間還獲得了數學大獎。

大學順利進入了劍橋大學讀書，本來讀數學，後來改讀哲學和經濟學。由於在劍橋大學讀書，他和知名的哲學家羅素還有文學家吳爾芙都成了終身好友。凱因斯相信人與人的關係，還有讓人幸福的藝術和文學。

凱因斯的文筆極佳，而且也喜歡收集藝術品和美食，這也影響自己後來的經濟學理論，他相信國家要提供一

個好的福利環境，讓每個人都可以好好發展。西元 1930 年代因為全球陷入經濟大蕭條，所有經濟學家都沒有辦法解決當時大規模失業的問題。凱恩斯在西元 1936 年發表了《就業、利息和貨幣通論》，突破了經濟學框架，他認為就業是經濟學的核心問題。

以往在亞當‧斯密的理論中認為想要找工作的人一定可以在市場中找到工作，不會有人想找工作而找不到，而且價格會調整工資的水準，讓市場上提供工作機會和想找工作的人都達到平衡。

以往的經濟學家相信自由放任，市場會有「一隻看不見的手」來調節，需求和供應之間會自然達成平衡。但是碰到經濟大蕭條的年代，失業一直持續，大家都找

寧願大致上正確，
總比精確的錯誤好。

西元 1944 年布雷頓森林會議。約翰‧梅納德‧凱因斯和哈里‧德克斯特‧
懷特是國際貨幣基金組織和世界銀行的創始人。

不到工作的時候要怎麼辦呢？

　　凱因斯不相信亞當‧斯密的理論，不相信市場會自
己調節，而是需要政府介入。首先需要政府介入的貨幣
政策，並且介入市場，透過財政的政策，像是發行國債，
或是投資在基礎建設上，像是蓋高速公路、鐵路或是人
行道的鋪設，讓失業的人可以暫時找得到工作，等待經
濟狀況好轉。

凱因斯的想法讓經濟學有不同的發展，我們常以為儲蓄是好習慣，但如果大家都不花錢，經濟就不會成長，所以個人的理財方式和政府的經濟政策之間有不同的想法，是一個全面性思考，後來大家將凱因斯稱為「宏觀經濟學之父」，就是他思考了經濟學當中個人與國家整體間的問題。

　　凱因斯的理論讓很多人在金融蕭條時可以獲益，他在第二次世界大戰之後，還獲得了世界性關注。第二次世界大戰之後，陷入經濟困頓，他擔任了國際貨幣基金組織和世界銀行的董事，振興全世界的經濟。但卻在 2 年後因為心臟病而過世，享年 63 歲。

凱因斯故居。

古典經濟學派與凱因斯學派

流派	古典經濟學派	凱因斯學派
時代	西元 1930 年之前主要的經濟學論點	西元 1930 年之後出現的經濟學論點
代表人物	亞當・斯密	凱因斯
理論基礎	賽伊法則：強調供給面	有效需求理論：強調需求面
時間長短	重視長期	重視短期
政府態度	自由放任	政府干涉
主張	・認同價格機能 ・價格有伸縮性 ・充分就業是常態 ・供給創造本身需求 ・重視貨幣政策（忽略價值儲藏功能） ・反對政府干預	・認同政府政策 ・價格有僵硬性 ・失業是常態 ・需求才能創造供給 ・重視財政政策、貨幣價值儲藏功能 ・政府要干預經濟活動

資料來源：Mr.Market 市場先生

崛內次雄

台灣醫學之父

profile

國籍➡日本國
身分➡醫學家
生日➡西元1873年5月25日
卒年➡西元1955年5月12日

gio

我們現在享有全民健保，可以用很少的錢享受到醫療資源，男女的平均壽命將近 80 歲。但在 100 多年前清朝統治台灣時期，平均年齡只有 30 多歲。主要是因為相當多傳染病，還有西方醫學還沒有引進，造成許多人英年早逝。

改變台灣醫療環境的關鍵時刻是日本統治台灣之後，日本人發現有兩成來台的日本人感染霍亂，決定在台北成立「台灣病院（今台大醫院舊院區）」。堀內次雄在西元 1896 年擔任院長，他本來是武士的兒子，明治維新引進西方的醫學，苦學進入醫學院，後來服務於日本陸軍。

堀內次雄第一次來台灣時是馬關條約簽訂之後，他隨著軍隊來台，眼見日本軍人因為傳染病死亡。等到日本在台灣的統治逐漸穩固，便決定來台灣，改變這裡的衛生狀況。

堀內次雄來台灣之後，剛好台南黑死病大流行。當

台大醫院舊院區保持原有的建築風格。

時的台灣人不懂現代醫學，拒絕現代醫學的消毒和病理
解剖的工作，讓情況加劇。堀內次雄和醫師團的其他成
員。透過積極的醫療行為還有衛生宣導，讓後來台灣的
黑死病絕跡。

　　日本政府為了改善台灣的醫療和衛生狀況，在西元

> 韓石泉發表悼詞〈悼堀內師〉：「堀內先生和一般日人不同⋯⋯他教台灣青年日語，而自己學習台語，其偉大精神由此可見一斑。」

1899 年成立台灣總督府醫學校，聘請堀內次雄擔任助理教授。為了要讓他的專業知識更上一層樓，派至德國研究細菌學。回到台灣之後，擔任台灣醫學校的第三任校長。

台灣總督府醫學校就是現在的台大醫學院，是全台灣最重要的醫療教學單位。堀內次雄擔任校長期間，積極教育人才，特別是台灣學生。台灣醫學校本來只收台灣人，後來開放日本人入學，使得入學變困難，競爭十分激烈。台灣人在日本殖民統治下經常受到不平等待遇，但是堀內次雄對台灣學生仍然相當照顧。

台灣第一個博士杜聰明學的就是醫學，是堀內次雄的學生，他推薦杜聰明到日本進修，並且在京都帝國大學取得博士學位。總督府醫學校還培養出很多優秀的台灣學生，像是推動台灣議會請願運動的蔣渭水。還有台灣新文學之父賴和，也是醫師出身，他們都是堀內次雄的學生。

　　堀內次雄對於台灣非常有感情，從醫學院院長退休之後，沒有回去日本，仍然留在台灣從事教學和醫療的工作。而且持續推動推動紅十字醫院的業務，擔任院長一職，積極醫治病患。

　　西元 1945 年國民政府遷台，大部分日本人都離開台灣，但堀內次雄並沒有馬上離開。當台北帝國大學改為國立台灣大學後，堀內次雄仍然留在醫學院講學，直到將近 80 歲時才離開台灣，後來的台灣醫界尊稱堀內次雄為「台灣醫學界之父」。

大日本台灣病院

西元 1895 年 6 月 20 日台大醫院的前身——「大日本台灣病院」創立,是台灣在日治時代第一所官辦醫院。創立時,選擇在台北城外大稻埕的千秋街設立大日本台灣病院。當時醫院是利用民宅整建而成,醫護人員則由日本中央政府選派來台灣。

西元 1898 年,醫院落成,屬於「和洋混合」木構為主的磚石建築,後來因為醫療需要,台北醫院陸續增建,由於最初營建時所使用的建材多來自日本,未考慮白蟻蟲害問題,台灣氣候潮濕,蟲害嚴重,所以在西元 1912 年逐漸拆除改建。

紅磚鋼筋水泥混合建築,以西元 1912-1917 年為期著手興工,至西元 1924 年完工,就是現在台北市常德街 1 號的「台大醫院舊院區」。

李文斯頓

大衛・李文斯頓

關懷與改變非洲大陸的醫師

profile

國籍➔大英帝國

身分➔探險家、傳教士、
　　　醫師

生日➔西元1813年3月19日

卒年➔西元1873年5月1日

非洲由於地理環境的關係，還有氣候的限制，外來的人很難進入。18 世紀的時候西方人稱這裡為「黑暗大陸」，無法橫越廣大的沙漠和叢林，李文斯頓的一生想要將基督教的福音傳入非洲，並且幫助當地的人改善生活。

李文斯頓出生於西元 1813 年，從小家中經濟狀不是很好，必須到棉紗場工作，但他還是努力讀書。因為半工半讀，23 歲才讀完高中，有一次讀到了牧師所寫的《一個有盼望的人生觀》，其中說到要倚靠並相信基督的恩典，可以突破重重的難關，讓他決定到世界宣教。

本來打算前往中國的李文斯頓，因為發生戰爭而作罷。後來決定前往非洲，他先到格拉斯哥大學修習醫學，希望能用醫術幫助非洲人，後來在倫敦讀了神學，成為牧師。

有一次在倫敦聽到牧師墨菲特的演講，他在非洲傳教 20 多年，大力疾呼要廢除人口販賣，李文斯頓聽了大為感動，便動身前往非洲傳教。

西元 1840 年李文斯頓第一次前往非洲，一路上看到歐洲人對於非洲人嚴厲的對待，讓他十分難過。李文斯頓透過醫學改善當地的醫療環境，並且幫助族人建造攔水壩，讓他們有飲用水可以使用，跟當地人說明科學的可靠性。

由於李文斯頓的熱忱，讓非洲人開始相信他所帶來的福音，並且將他當成好朋友，酋長對他十分信任。然而，有一次他和族人要去驅趕獅子的時候，不慎被獅子咬傷。在療傷期間，他還創立了一所學校。

或許是神的安排，墨菲特的女兒曾在當地生活，對於李文斯頓的信仰也十分認同，和他在當地結婚，後來並且生了五個小孩。在非洲生活了 10 多年，除了幫助當地人，還曾經橫跨整個大陸，從大西洋走到印度洋。

西元 1856 年李文斯頓回到英國，受到英雄式歡迎，以往的人對於非洲中部完全不認識，但李文斯頓有詳實的筆記，記錄了他所到的每個地方，並且提供當地的族

大衛·李文斯頓被抬著「最後一英里」在他位於坦尚尼亞的坦干伊加湖畔的非洲家中去世。

我在非洲開闢了一條道路，
請不要關閉這條道路。

群狀況，他用探險打開了「黑暗大陸」。

　　回到英國的隔年李文斯頓出版了《南非的布道旅程》，將他在非洲的所見所聞記錄下來，並且在各地演講，希望阻止人口買賣，還有幫助非洲的醫療、環境和教育問題。李文斯頓得到了劍橋大學的榮譽博士，在演講的時候說到：「我在非洲開闢了一條道路，請不要關閉這條道路。」

　　後來李文斯頓在英國政府的贊助之下，重返非洲，但他的夫人卻得到瘧疾病逝，讓他十分難過。由於當時人口買賣是很大的生意，李文斯頓阻止人口買賣的行為影響到很多人的生意，也讓他在非洲遇到很大的阻礙和危險。

　　李文斯頓後來持續在非洲傳教和探險，但在西元1873 年的時候，人們在尚比亞的湖邊，發現他在禱告時彌留了，最後將他抬回家後，便在家中過世，將他的一生奉獻給了非洲。

羅伯特・墨菲特

羅伯特・墨菲特（Robert Moffat，西元 1795 年 12 月 21 日至西元 1883 年 8 月 9 日）是一位在非洲傳教的蘇格蘭公理會傳教士，瑪麗・墨菲特・李文斯頓的父親和大衛・李文斯頓的岳父，也是第一位將《聖經》翻譯成茨瓦納語的人。

西元 1816 年 9 月，墨菲特被正式任命為傳教士，並被派往南非。3 年後，當他回到開普敦，他的未婚妻瑪麗・史密斯與他團聚。西元 1820 年，墨菲特和他的妻子離開開普敦，前往格里誇敦，他們的女兒瑪麗便是在那裡出生。

Martin Luth

金恩博士

馬丁・路德・
金恩博士

懷抱大家都能平等的夢想

profile

國籍➡美利堅合眾國
　　（美國）
身分➡牧師
生日➡西元1929年1月15日
卒年➡西元1968年4月4日

歐巴馬是第一個非洲裔的黑人選上美國總統，象徵了黑人權益在美國的上升。但是，現在我們仍時常耳聞白人警察對於黑人的執法不公，造成黑人大舉抗議白人對他們的歧視。

在 60 年前的美國，歧視的行為更加嚴重，而且還透過法律明文限制，改善這樣狀況的黑人民權領袖馬丁·路德·金恩帶著大家一起為黑人的權益奮鬥。1929 年生於喬治亞州的亞特蘭大金恩博士，父親是一個教會牧師，取名馬丁·路德是因為要紀念 16 世紀宗教改革的領袖。

金恩博士從小就沐浴在基督教的教義中，而且相當好學，大學畢業時獲得社會學的學士。研究所開始決定投入神學的研究，後來在波士頓大學獲得博士的學位。馬丁·路德深深受到基督教義的影響，在西元 1954 年於阿拉巴馬州的蒙哥馬利市擔任浸信會的牧師。除了基督教的思想，他也非常推崇印度聖雄甘地的「非暴力」和平抵抗的思想，甚至還有走訪印度的念頭。

由於金恩博士那個年代，黑白種族的隔離相當嚴格，不僅黑人和白人不能念同樣的學校，連在公車上也要分隔，不能混搭，黑人得讓座給白人。西元 1955 年有一個黑人婦女羅莎‧帕克絲因為拒絕讓座給白人，遭到當地警方的逮捕。現在聽起來不可思議的事情，卻是當時的日常。金恩博士聽聞此事，投身黑人的民權運動，極力要取消種族隔離政策。

金恩博士透過教會組織開始推行他的理念，西元 1957 年組織南方的基督領袖會議，開始全國性的巡迴演講，宣揚非暴力的抵抗運動。他認為美國的共和與民主兩黨都背叛了黑人，讓他們無法享有完整的公民權。金恩博士因為宣揚平等的理念，後來被捕入獄，引起全國的關注。

由於非暴力的抵抗，讓輿論逐漸同情黑人的民權運動，金恩博士爭取在選舉、勞動和公民權的平等。西元 1963 年在美國的首都華盛頓舉辦大遊行，現場來了 20 萬人，在這場遊行的演說相當激勵人心，就是有名的〈我

> **我們必須接受失望，
> 因為它是有限的，
> 但千萬不可失去希望，
> 因為它是無窮的。**

西元 1963 年，在歷史性的華盛頓遊行期間，馬丁·路德·金恩博士在林肯紀念堂的台階上向人群發表演說。

有一個夢〉，裡面提到：「我夢想有一天，這個國家會站立起來，真正實現其信條的真諦：『我們認為這些真理是不言而喻的：人人生而平等。』」西元 1964 年和西元 1965 年美國的法律通過了《民權法案》和《投票權法案》逐漸讓黑人享有平等的權利。

金恩博士在西元 1964 年獲得了諾貝爾和平獎的殊榮，讚揚他的非暴力理念。除了推動黑人民權，金恩博士也反對越戰，不支持美國在越南的軍事行動。然而，金恩博士的行動也引起一些人的不滿，最後在西元 1968 年遭到槍殺，才 39 歲就結束了生命。金恩博士雖然年輕就遭逢不幸，但他解除種族隔離、非暴力的理念仍然常存在我們的心理。

馬丁‧路德‧金恩紀念館中，金恩左手握著捲起的〈我有一個夢〉演講特寫的雕塑。

〈我有一個夢〉（I Have A Dream）（節錄）

I say to you today, my friends. And so even though we face the difficulties of today and tomorrow, I still have a dream.
朋友們，今天我對你們說，在此時此刻，我們雖然遭受種種困難和挫折，我仍然有一個夢。

It is a dream deeply rooted in the American dream.
這個夢是深深扎根於美國的夢想中。

I have a dream that one day this nation will rise up, and live out to the true meaning of its creed: "We hold these truths to be self-evident; that all men are created equal."
我夢想有一天，這個國家會站立起來，真正實現其信條的真諦：「我們認為這些真理是不言而喻的 —— 人人生而平等。」

I have a dream that one day on the red hills of Georgia the sons of former slaves and the sons of former slave-owners will be able to sit down together at the table of brotherhood.
我夢想有一天，在喬治亞的紅山上，昔日奴隸的兒子將能夠和昔日奴隸主的兒子坐在一起，共敘兄弟情誼。

I have a dream that one day even the state of Mississippi, a state sweltering with the heat of injustice, sweltering with the heat of oppression, will be transformed into an oasis of freedom and justice.
我夢想有一天，甚至連密西西比州這個正義匿跡，壓迫成風，如同沙漠般的地方，也將變成自由和正義的綠洲。

I have a dream that my four children will one day live in a nation where they will not be judged by the color if their skin but by the content of their character.
我夢想有一天，我的四個孩子將在一個不是以他們的膚色，而是以他們的品格優劣來評判他們的國度裡生活。

I have a dream today.
我今天有一個夢。

I have a dream that one day, down in Alabama, with its vicious vacists with its governor having his lips dripping with the words of interposition and nullification, one day right there in Alabama little black boys and black girls will be able to join hands with little white boys and white girls as sisters and brothers.
我夢想有一天，阿拉巴馬州能夠有所轉變，儘管該州州長現在仍然滿口異議，反對聯邦法令，但有著一日，那裡的黑人男孩和女孩將能夠與白人男孩和女孩情同骨肉，攜手並進。

I have a dream today.
我今天有一個夢。

I have a dream that one day every valley shall be exalted, every hill and mountain shall be made low, the rough places will be made plain, and the crooked places will be made straight, and the glory of the Lord shall be revealed, and all flesh shall see it together.

我夢想有一天，幽谷上升，高山下降，坎坷曲折之路成坦途，聖光披露，滿照人間。

This is our hope. This is the faith that I go back to the South with.

這就是我們的希望。我懷著這種信念回到南方。

With this faith we will be able to hew out of the mountain of despair a stone of hope.

有了這個信念，我們將能從絕望之嶺劈出一塊希望之石。

With this faith we will be able to transform the jangling discords of our nation into a beautiful symphony of brotherhood.

有了這個信念，我們將能把這個國家刺耳的爭吵聲，改變成為一支洋溢手足之情的優美交響曲。

With this faith we will be able to work together, to pray together, to struggle together, to go to jail together, to stand up for freedom together, knowing that we will be free one day.

有了這個信念，我們將能一起工作，一起祈禱，一起拚鬥，一起坐牢，一起維護自由；因為我們知道，終有一天，我們是會自由的。

Si Chien

施乾

台灣社會福利的先驅

profile

國籍➡日治時期的台灣
身分➡慈善事業家
生日➡西元1899年7月23日
卒年➡西元1944年9月24日

台灣民眾普遍都過著小康的生活，然而還是有很多窮苦人家。他們有些居無定所，流落街頭，我們現在稱他們為「無家者」，有不少善心團體和社會福利措施幫助他們。台灣最早有社會福利概念的是施乾所成立的「愛愛寮」，透過組織和制度幫助乞丐，解決社會問題。

施乾是淡水人，西元 1899 年在日本統治下的台灣出生。少年施乾十分優秀，他選擇進總督府的工業講習所學習一技之長，學習製圖、機械和材料等專業。經過 3 年的學習，施乾成為專業的技術人員。當時台灣很缺少現代化的技術人員，因此施乾畢業後就到了台灣總督府工作，負責工商調查和統計。

施乾的工作相當穩定，是個鐵飯碗。但是，施乾曾經閱讀過日本宗教家和社會改革者的書，像是：西田天香、小河滋次郎。他們對於現代社會問題還有救助措施都有新的想法，瞭解乞丐不只是個人問題，而是要整個社會一起動手解決。

台灣在施乾以前也有慈善的設施，像是：普濟堂、養濟院和義倉。這些設施救助貧困，施捨給乞丐食物或是救濟窮人。但是，施乾認為如果這些慈善組織都能夠發揮功效，台灣應該不會有那麼多乞丐。顯然，以前的慈善組織在經營和理念上無法發揮作用。

　　如果想要根本解決乞丐的問題，施乾認為要確實瞭

施乾與清水照子（施照子）結婚登上當時新聞版面。

解是否有救的必要，不要浮濫地給予。還有一點更重要
的是：給乞丐錢，不如給他們生活用品。如果有醫療的
需求，也要幫他們治好病，然後希望他們能夠像正常人
一樣回到社會工作，成為有生產力的勞動者。

因此，施乾不只單純幫助乞丐，還想讓他們有工作
能力，正常地工作。為了正確瞭解乞丐的問題，施乾做
了詳細的調查研究，寫了一本《乞食撲滅論》。從統計
資料來看，大部分會變成乞丐的人是由於生病、家庭變
故或是災難，並不是因為他們懶惰。如果一個社會有乞
丐，代表某個部分出現了問題，之後也會產生公共安全
的問題。所以，施乾認為，如果家庭或是社會健全，就
不應該會有乞丐的出現。

為了幫助乞丐，施乾成立「愛愛寮」，收容牠們。但施乾不只單純收容，還給他們飯吃。施乾收容後，生病的安排他們看病，然後接受教育，學習生活技能，最後讓他們可以重返社會。除此之外，施乾不只在台北成立「愛愛寮」，還想要在每個地方都推行，在基隆、新竹、台中、台南和高雄都紛紛成立。

　　施乾知道要幫忙乞丐不只要靠政府，他還到處演講，出版書籍，在報章雜誌上獲取大家的注意，希望社會大眾能夠捐款或捐物，喚起大家的注意，很像現在 NPO 組織的營運方式。施乾成立組織處理社會問題，是台灣將乞丐問題當作社會問題的第一人，也是現代社會福利的先驅。

施照子

施照子原名清水照子，出生於明治 13 年（西元 1910 年）的一個京都富商家庭中，畢業於京都第二高等女校，西元 1934 年，在 24 歲時與愛愛寮的創立者、台灣慈善家施乾私訂終身，因而渡海來台灣展開婚姻生活。

剛來台灣的施照子，人生地不熟，還要協助施乾的慈善事業，西元 1939 年太平洋戰爭爆發，物質匱乏的情況下，為求生存，她典當訂婚的白金戒指、和服等物品，換取糧食，有時施乾外出募款，她就在愛愛寮負責管理事務。

她教院民們種菜、養豬、做手工藝品販賣，學習自立更生，並且培養未來回歸社會的能力。後來，有了美援，愛愛寮的經濟狀況好轉，才使得院內的生活狀況好轉。台灣光復後，愛愛寮數度改名，西元 1949 年遵照法令改為私立台北愛愛救濟院，後來又改為台北私立愛愛救濟院，直到西元 1976 年才改為台北愛愛院。

艾爾哈特

愛蜜莉亞・瑪麗・
艾爾哈特

史上首位獨自飛越大西洋的女飛行員

profile

國籍➜美利堅合眾國
　　　（美國）
身分➜飛行員
生日➜西元1897年7月24日
卒年➜西元1939年1月5日

Earhart

人類一直夢想著能夠在天空飛翔，曾經嘗試過很多方法。萊特兄弟的飛機在 20 世紀初成功地製作出最早的飛機，讓人類在天空飛翔不再是夢想。從此以後，隨著飛機的改良，飛行的距離越來越遠，開始有人嘗試遠距離飛行。林白在西元 1927 年成功跨越大西洋，成為當時世界的大新聞。男人可以飛越大西洋，那女人呢？

5 年後有位女性也獨自飛越大西洋，她是我們故事的主角愛蜜莉亞‧瑪麗‧艾爾哈特。出生在美國中部的艾爾哈特，父親在鐵路局上班，母親雖然是家庭主婦，卻認為女生不一定要有女生的樣子。穿著褲子，或是調皮搗蛋，喜歡戶外活動都是女孩子可以做的事情，這讓艾爾哈特從小過著無拘無束的生活。

成年後的愛蜜莉亞到加拿大的多倫多從事護理工作，第一次感受到飛機的魅力便是在多倫多看飛行表演。當時飛行的高潮是飛行員從高空俯衝而下，讓現場的觀眾驚呼。艾爾哈特沒有被嚇到，反而深深感受到飛行應該是一件讓人興奮的事情。後來在加州，與父親一同搭乘

飛機，在高空上她感覺到飛行的愉悅，於是決心成為一個飛行員。

艾爾哈特開卡車，並且在電話公司工作，賺取飛行學校的學費。飛行學校畢業後，艾爾哈特開始挑戰各種女性飛行紀錄，像是將飛機升到14000英尺。當時的媒體說她是：「美國最好的女飛行員之一。」但艾爾哈特並不滿足，開始想要挑戰飛越大西洋。西元1928年她和兩位機師飛越大西洋，雖然只是乘坐，沒有實際的飛行，卻讓她在美國得到很多的關注，獲得總統的接見。

因為有了一些名氣，艾爾哈特覺得可以透過寫書，並且巡迴演講，為自己募款，並且鼓勵女性加入飛行的行列。西元1932年艾爾哈特從加拿大的紐芬蘭出發，打

每個人都有他自己要飛的大西洋。

艾爾哈特與丈夫喬治‧普特南。

算飛行到巴黎。然而，因為氣候的關係，14 小時迫降在北愛爾蘭。雖然沒有到巴黎，但也成為第一個飛行橫越大西洋的女性。

　　由於這是一項創舉，獲得當時歐洲和美洲媒體的廣泛報導。艾爾哈特透過她的名氣，結交到羅斯福總統的夫人，一起推動婦女平權的工作，並且在普渡大學輔導婦女生涯的規畫。

飛越大西洋之後，艾爾哈特仍然不滿足，想要飛越地球。西元 1937 年艾爾哈特從加州開始，準備跨越太平洋，先飛行到檀香山，再沿著赤道飛行。然而飛過豪蘭島之後，艾爾哈特的無線電再也沒有收到訊號，音訊全無。美國海軍派出搜救人員，但沒有找到她。由於艾爾哈特傳奇的一生，很多人相信她沒有死，只是藏起來，或是被日軍俘虜，無法相信一個飛行技術如此好的飛行員會下落不明。

艾爾哈特在北愛爾蘭接受眾人的歡呼。

從小追求自己夢想的艾爾哈特，為了飛行不惜一切代價，做了以前只有男性才能做到了事情，也讓後來的女性能勇敢追夢！

關鍵人物知識 PLUS

林白

查爾斯‧奧古斯都‧林白（Charles Augustus Lindbergh）是一位美國飛行員、作家、探險家，綽號「孤鷹」。他在西元 1927 年駕駛單翼飛機聖路易斯精神號，從紐約市羅斯福飛行場橫跨大西洋，飛至巴黎的勒布爾熱機場，成為歷史上成功完成單人不著陸飛行橫跨大西洋的第一人，並因此獲贈榮譽勳章。美國聖地牙哥林白國際機場就是以他的名字命名。

彼得・杜拉克

彼得・斐迪南・杜拉克

當代最知名的管理學大師

管理學已經成為大學當中都有的學問了，這門學科的興起主要來自彼得‧杜拉克，他被稱為「現代管理學之父」。彼得‧杜拉克西元 1909 年出生在奧地利的維也納，父親是高級公務員，母親是醫生。

杜拉克的家庭經常有不同的知識分子出入，討論一些新觀念，像是曾經得過諾貝爾經濟學獎的海耶克，或是經濟學家熊彼得，讓他知道很多新的知識。而且不同專業的人聚集在他們家，互相討論，讓他理解知識的火花是如何迸發出來。

小學的作文老師愛爾莎要求杜拉克每週寫兩篇作文，他發現杜拉克表現得很好。老師還教他要定期追縱自己學習的進度，思考有沒有進步。

由於第一次世界大戰的關係，中學畢業以後，在維也納的工作不多，杜拉克便前往德國。他在那裡先在貿易公司當學徒，後來成為記者。杜拉克對於知識相當有興趣，還是決定攻讀博士，在法蘭克福大學取得法學博士。

西元 2002 年 7 月 9 日美國總統喬治‧W‧布希向彼得‧杜拉克授予總統
自由勳章。

> **有效的管理者與其他人最大的區別，就是他們非常珍惜自己的時間。**

　　歐洲在西元 1940 年代陷入戰爭，杜拉克全家移居美國，在西元 1943 年歸化為美國公民。杜拉克在紐約大學任教很久，期間大量寫作，推廣管理的概念。《管理實踐》是他在西元 1954 年所出版的書，書中提出了「目標管理」，他認為如果有確切可行的目標，由此可以有效的管理組織。

　　那誰是訂定目標的人呢？不是由老闆來決定，而是以團隊合作的方式，主管和員工們彼此訂定出符合組織的目標。杜拉克十分看重人的管理，在組織當中的人要有彼此的認同感。透過上下的協調與溝通，讓目標能夠完成。

杜拉克雖然分享管理學的概念，但他相當博學，涉獵的東西相當廣。從政治、經濟、社會、國際關係、歷史、哲學、文學、美學……等都有接觸。透過如此龐雜的知識，再系統性的用管理學的方式，深入淺出的寫作一本一本的好作品。

雖然擔任很多公司的管理顧問和大學教授，但杜拉克始終認為自己是個作家。杜拉克隨時都在追求進步，寫完了一本書後，馬上著手下本書的書寫。經常有人問他哪一本書最滿意，他總說：「下一本。」不斷進步，永遠沒有終點，這也是杜拉克的管理學的核心概念——追求卓越。

企業生存的目的是創造出經濟成果，就是賺錢。但企業是由人建立的組織，要有相關的制度加以管理。除此之外，企業也生存在社會當中，對於社會有責任。杜拉克同時也十分注重創新，他認為用腦力取代體力，用知識取代汗水，會是未來的重要趨勢。

杜拉克一直教書教到 92 歲，但退休後仍然繼續寫作。他的書被翻譯成二十多種語言，銷量超過六百萬本。而且在西元 2002 年獲頒總統自由勳章，這是美國公民的最高榮譽。最後在西元 2005 年以 95 歲高壽離世。

學習知識 PLUS

知名的「S.M.A.R.T」分析

S.M.A.R.T 這個詞，最早由管理學大師彼得‧杜拉克於西元 1954 年提出，分別代表五個單字的首字母：Specific（明確的）、Measurable（可衡量的）、Achievable（可達成的）、Relevant（相關的）和 Time-bound（有時限的）。彼得‧杜拉克提出這個準則，讓人們的目標管理策略變得更明確，更能清晰設定目標、追蹤進度，降低失敗的可能。

尤努斯

穆罕默德・尤努斯

消除貧窮的經濟學家

profile

國籍➤孟加拉人民共和國
身分➤孟加拉銀行家、
　　　經濟學家
生日➤西元1940年6月28日

Yunus

如果各位小朋友長大，想要做點生意，或是買房子和車子，錢不夠了需要跟銀行借錢。但條件是你手上要有一些錢、一份穩定的工作和一定的教育程度，銀行才會借錢給你。如果你什麼都沒有，要怎麼辦呢？

尤努斯，一位來自孟加拉的經濟學家解決了這個問題，西元 2006 年諾貝爾和平獎頒給尤努斯。他是第一個獲得和平獎的經濟學家，成就在於消除貧窮。出生於吉大港的尤努斯，小時候孟加拉還在巴基斯坦的統治下，後來在獨立戰爭中獲得獨立。

尤努斯小時候出生在珠寶商的家庭中，生活不虞匱乏。然而，從小在孟加拉的街頭上看到的都是窮人，貧無立足之地，販賣兒女作為童工。尤努斯長大以後到美國讀書，獲得經濟學的博士學位，而且在美國的大學擔任教授，娶妻生女。

尤努斯無法放下對家鄉的感情，決定返回孟加拉任教。尤努斯回到家鄉後，發現有超過七成的人都是窮人，

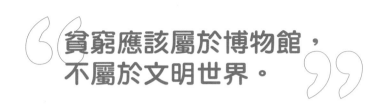

貧窮應該屬於博物館，
不屬於文明世界。

窮到什麼程度呢？有一次他到村落裡的時候，發現有個
婦人的手工藝很好，本來他可以開店賣她的手工藝，但
因為之前欠了 27 美元無法償還，就開始借高利貸，陷入
無法償還的窘境。

尤努斯想到要借這些窮人錢，讓他們有錢可以自己
開店做生意，脫離貧窮。但是，一般銀行如果要借錢的
話，需要會識字，有可以擔保的財產，穩定的工作。銀
行要確定有還款的能力才會借款，但這些東西窮人都沒
有。

尤努斯從來沒有進過銀行業工作，但憑藉著一股熱
情，創立格萊閩銀行，開辦「微型貸款」，開始借錢給
窮人。為了要確保窮人可以還款，尤努斯想了很多創意

西元 2023 年 6 月 10 日。梵蒂岡國務卿、紅衣主教彼得羅‧帕羅林和諾貝爾和平獎得主穆罕默德‧尤努斯在人類博愛會議上會面致意。

的辦法，像是五個人一組相互擔保。另外，如果要用房子擔保的話，所有權必須要是女性。由於在貧窮的家庭中，女性通常為扛起家庭財務負擔最大的人，她們無法像男性一走了之，所以還款率也比較高。

　　借錢給窮人不單單只是借錢而已，給他們魚吃，不如教他們釣魚。尤努斯想要窮人可以用少量的資金創業，藉以脫貧，改善生活。貧窮會引起很多的社會問題，嚴

重的話甚至會引起戰爭。尤努斯成功地在孟加拉八萬個村子當中建立了一萬四千個借貸中心，借錢給八百萬個人，其中大多數人都成功的脫貧。

尤努斯在西元 2006 年獲得諾貝爾和平獎之後，更加把他的理念拓展到全世界，並且在大學當中成立「尤努斯基金會」，台灣的中央大學是華人第一個尤努斯的社會企業中心。

社會企業的理念就是以企業的組織方式，改善社會問題。尤努斯的銀行投入很多社會企業的發展，投資太陽能的設施，為瞭解決農村健康的問題，販賣便宜且好吃的優格，或是跟 Uniqlo 合作，讓窮人也可以買到品質好的衣服。

透過熱情、行動力和方法，尤努斯成功的幫助超過一億的人。

格萊閩銀行

格萊閩銀行，又名孟加拉鄉村銀行，是一間位於孟加拉、提供微型貸款的金融機構。它向窮人提供不需要抵押品的小額貸款（稱為「微型貸款」或「格萊閩貸款」），放款對象主要鎖定在窮人、婦女、文盲、失業人員，因為這些人的貸款動機單純，就是為了創業（家庭手工的小事業）改善生活，所以借貸金額低。雖然金額不大，但卻足以讓一家人溫飽，而且還款率高，已經高達 99.9%。因為即使是貧窮的人們都有尚未開發的技能；有了激勵，他們可以賺更多的錢。

孟加拉街頭小販。

改變世界

科技先驅篇

25 個影響歷史文明的名人大事

作　　者　胡川安
主　　編　王衣卉
文字校對　胡川安、王衣卉、陳怡璇
行銷主任　王綾翊
全書設計　evian
內頁插畫　張容容
內頁照片　達志影像

總 編 輯　梁芳春
董 事 長　趙政岷
出 版 者　時報文化出版企業股份有限公司
　　　　　108019 臺北市和平西路 3 段 240 號

發行專線　（02）2306-6842
讀者服務專線　0800-231-705・（02）2304-7103
讀者服務傳真　（02）2304-6858
郵撥　19344724　時報文化出版公司
信箱　10899 臺北華江橋郵局第 99 信箱
時報悅讀網　http://www.readingtimes.com.tw
電子郵件信箱　yoho@readingtimes.com.tw
法律顧問　理律法律事務所 陳長文律師、李念祖律師
印刷　和楹印刷有限公司

初版一刷　2023 年 10 月 13 日
定價　新臺幣 450 元

改變世界：25個影響歷史文明的名人大事. 科技先
驅篇/胡川安著. -- 初版. -- 臺北市：時報文化出版
企業股份有限公司, 2023.10
176面；17×23公分
ISBN 978-626-353-275-5(平裝)

1.CST: 世界傳記 2.CST: 通俗作品

781　　　　　　　　　　　　　111020348

ISBN 978-626-353-275-5
Printed in Taiwan